解構多元智能大師 • 重現心智對話

統合心智

A Memoir from the Creator of Multiple Intelligences Theory

A Synthesizing Mind

Howard Gardner

獻給我的恩師，你們惠我良多

獻給折磨我的貴人，讓我知道什麼不該做、什麼不該求

獻給我的學生（和學生的學生），我不斷向你們學習

獻給公共廣播電台，電台播放的新聞和古典音樂伴我數十載

獻給我的家人，你們的愛是我這輩子最大的動力

目次

導讀

加德納之心

政治大學教育學系教授　詹志禹

霍華德・加德納（Howard Gardner）號稱「多元智能」（Multiple Intelligences，簡稱ＭＩ）理論之父，一生研究過許多傑出的創造性人物，包括甘地、畢卡索、愛因斯坦、佛洛伊德等人，各代表一種突出的智能，現在，加德納終於也研究起自己了！他會認為自己的哪一種智能特別突出呢？

學者的自傳就是和一般人不太一樣，通常花較多篇幅剖析自己的觀念起源、發展過程與思想體系，並試圖解釋過去某些事件、人物與環境如何形塑自己的思想發展歷程，寫作上更講究自我覺察、坦承、反思與主觀中的客觀，這種自傳被稱為知性自傳（intellectual autobiography），例如哲學家卡爾・波普（Karl Popper）寫的自傳就叫《無盡的探索：知性自傳》（*Unended Quest: An Intellectual Autobiography*）。加德納與波普類似，在書中都很坦承，無論是面對自己、他人、事件、關係或學術界互動，無論功過恩仇或好壞對錯，書中指名道姓、忠於事實、毫不隱諱！

小華的身世與蛻變

小華（Howie，加德納小名）出身於逃離納粹迫害而移居美國的猶太家庭。他小時候很內向，喜歡獨自活動，例如閱讀、寫作、練琴、游泳等，大部分時間都活在自己的世界裡；只保留少數知心好友，不愛交際與團體生活。這樣的情況幾乎要到大學之後才略有改變，直到他成為學者之後，因為領導計畫團隊與募資任務，才轉為比較外向。

小華熱愛音樂，腦中隨時盤旋著音樂，終身喜歡彈鋼琴與教琴，但他有色盲、臉盲、單眼弱視，不擅長視覺辨識，缺乏立體視覺。

小華喜愛閱讀、大量閱讀、求知若渴，家裡有什麼就讀什麼，在圖書館裡如魚得水。也熱愛寫作，七歲就辦班刊，高中編校刊，沉迷於創作，渴望將思想傳達給全世界。

小華記憶力不錯，腦中資料四處飄浮，擅於跨域連結，也是考試高手，是別人眼中的「好學生」，優異到讓同儕感受威脅，自己卻仍有自卑感。他不喜歡被學科界線所局限，不喜歡循規蹈矩或走別人走過的老路，直到進入大學，仍維持廣泛學科興趣與高度成長心態。他雖是考試高手，卻對有標準答案與時間限制的客觀式測驗充滿批判，直到成為學者並提出多元智能理論，仍在嘗試推翻ＩＱ測驗的霸權。

加德納的學者風格

加德納醉心於知性探險，崇拜學術成就。在方法論方面，他偏好質性、訪談、個案、開放性的研究，也從事探索性的實徵研究，但不擅長操弄性的實驗研究，也不喜歡驗證性的量化研究。他擅長發現問題、深度探索、獲取洞察、綜合歸納、全面觀照，風格類似皮亞傑（Jean Piaget）。在專業領域方面，他喜愛跨領域統整，討厭專業分割或領域藩籬，不認為自己是主流的心理學家，反而認為自己是有系統的社會思想家。

青年學者加德納著述雖然豐富，但仍有將近十年時間為不穩定的薪水與生活疲於奔命，甚至連累家人。縱然如此，他以多元智能理論成名之後，卻依然堅持將學術成果與智慧貢獻給大眾，拒絕打造並保護商業品牌，也放棄巨大的商機，他說，他擁有一件無價之寶叫「知足」，他只熱中於探索未知與教育工作。

一花開六葉

加德納著作等身，單在台灣翻譯出版的作品就至少有六本以上，但因翻譯人員與出版社都不同，導致我們對於加德納的了解極為破碎。首先，作者名字的翻譯就不統一，讀者未必知道「嘉納」、「卡德納」與「加德納」……其實全是同一個人。其次，這些書名全都包含「mind」字眼，但中譯書名將「mind」翻譯成「心智」、「心靈」、「能力」等不同名詞，導致書籍之間不再互相呼應。

舉例來說，《心智解構》（*Frames of Mind*）一書其實是提出一種新的心智架構，書中主張的任一種智能，都與人類的文明、學習、教化與專業發展息息相關，包括藝術、社會及近代科學方法等，所以作者後來就補寫了一本《超越教化的心靈》（*The*

Unschooled Mind）,用意在說明未受教化的心靈,分析阻礙學習與教化的直覺、偏見與迷思。

但是,上述兩本書畢竟都是心理學觀點,無法回答「如何應用多元智能理論進行教與學」的問題,所以作者就再寫了一本《學習的紀律》（*The Disciplined Mind*）,但這本書卻與「紀律」無關,它是以三個領域（生物/音樂/社會）為例,各採用一個主題（達爾文演化論/莫札特作品/納粹屠殺猶太人）,來示範多元智能的教學方法與個別化學習策略;後來,作者將這種學習能力納入《決勝未來的五種能力》（*Five Minds for the Future*）之一,該書也將「The Disciplined Mind」一詞改譯成「修練心智」。

此外,作者以他的多元智能架構（當時只有七種獨特智能）為基礎,為每一種智能各找出一位廿世紀的傑出創造性人物為代表,進行心理傳記式的個案研究,完成《創造心靈》（*Creating Mind*）一書,並在自己進入回顧人生的階段,對自己進行傳記式的個案研究,完成《統合心智》（*A Synthesizing Mind*）一書,而「統合心智」也是《決勝未來的五種能力》書中提到的五種關鍵能力之一。看起來,這六本書是以多元智能理論為核心,以「mind」作為標籤,展開連結、補充、舉例、應用與延伸,可惜這些關係經過不同的翻譯之後就消失了！

理論成名之後被誤解、誤用或扭曲的情況，幾乎無可避免。在這方面，馬克思、達爾文、愛因斯坦等人更有經驗，他們若死後有知，應該會想跳出棺材來駁斥。翻譯只是無意中造成誤解的一個小管道，意識型態才是大宗，例如澳洲部分人士差點誤用多元智能理論來判定種族之間的智能差異，甚至打算制訂一套標準化的教育方法，這讓加德納大受驚嚇並奮力駁斥。其實，無獨有偶，加德納所挑戰的ＩＱ理論與測驗也遭遇過同樣命運，美國在廿世紀就有多篇文章與書籍試圖證明——白人的ＩＱ比黑人高，而且是基因造成的結果。這些論證也常被駁斥為「偽科學」，但從未真正消失；看來，加德納為求真的戰鬥將永不止息，難怪他晚年的研究與關懷轉向倫理。

統合自然成

本書聚焦「統合心智」，難道是想在多元智能架構當中增加一種智能嗎？非也！統合心智其實是一種素養，是認知能力、情意態度與行動實踐的整合；它源自人生目標，可用來統合大量資料或穿透多重領域，需搭配關懷、提問、歸納、洞察、抽象化、意義建構、後設反思與整體思維等歷程，可用在辨活動、做決策或發展理論／典範等脈絡，統合結果可能很傳統，也可能很創新。在加德納的理論系統當中，統合、修練、創造、尊重與倫理被列為「決勝未來的五種能力」，但國內熟悉十二年國教課綱的人可能會一眼就看出，那正是五種「素養」。

一個人最適合什麼工作或生涯，並不是決定於他在多元智能當中的哪一種智能最高，而是要考量他的多元智能組合型態最適合在哪方面追求自我實現，而統合心智就是用於統整自己的多元智能，使其成為一個有機的組合。舉例來說，某甲和某乙同樣都在多元智能當中以語文智能表現最高，但某甲的內省與音樂智能也頗高，數理邏輯與肢體動覺則偏低，所以，他統合成為質化取向的藝術心理學家。而某乙的肢體動覺與自然觀察智能也頗高，其他智能都偏低，所以他統合成為傑出的體育播報員。

綜而言之，統合心智是一種對自己的多元智能進行適切組合的素養，用來生產作品、解決問題或完成任務，最終達成自我實現，並對這個世界產生貢獻！

推薦序

別被智力測驗綁架了！

《哇賽心理學》創辦人　蔡宇哲

年中時，我看到一則新聞標題寫著：「二〇二二年全球平均智商最高的國家，台灣奪得第一名。」第一時間我心裡浮現的疑惑是：是怎麼測量的？我在《哇賽心理學》臉書粉絲專頁提問網友，結果有八成認為「怎麼可能」。不管你信或不信，這樣一個標題肯定吸引了眾人的目光，因為在大眾的心中，「智商」約略等同於聰明才智，也會跟成就大有關聯。

十九世紀以降，智能測驗的概念出現後，各式各樣的測量方式不斷產生，在教育、教養、臨床等領域，「智能」這個概念引領趨勢很長一段時間，甚至現在仍被不少人奉為圭臬。直到一九九五年左右，丹尼爾・高曼（Daniel Goleman）所著《EQ》一書暢銷全球，很多人才開始注意到：原來一個人是否能有好表現，可能跟「情緒智能」好不好有重大的關聯，而不是智商這單一面向可以決定的。後續又因「棉花糖實驗」的爆紅，與安琪拉・達克沃斯（Angela Duckworth）所著《恆毅力》（*Grit*）一書，又使大眾意識到，自我控制能力也是有好表現的重要關鍵。

至此，我們該如何看待一個人的能力呢？似乎看起來每一項能力都很重要，也確實在生活中扮演著關鍵因素。當很多人迷惘於不知該遵循哪個目標時，心理學家霍華德・加德納（Howard Gardner）早在一九八三年就提出「多元智能」理論，認為人的智能有多個面向，包含：語言、邏輯－數學、音樂、空間、身體動覺、人際、內省七大層面。

智商所測量的主要是語言與邏輯－數學的能力，而ＥＱ與恆毅力則是屬於人際、內省的能力。此外，作曲家、演奏者必須具有優異的音樂智能，否則即使智商與ＥＱ再好，也無法有好的表現。而舞者、運動員甚至外科醫師，都需要對身體動作有極佳的掌控，因此高超的身體動覺智能是他們的必要條件。機師、計程車司機、雕刻家，都需要對空間與物體的關係有非常細膩的掌握，這就牽涉到空間智能的表現。由上述例子我們就可以明白，衡量一個人的能力優異與否，絕非智商這單一面向，我們都被智力測驗綁架太久了！

然而，雖然多元智能這麼好又全面，但並沒有一個簡單易行的評量方式，以至於多元智能的概念停留在理論層次，難以廣泛推展。人是喜歡做排名比較的，有比較除了有傷害之外，也讓人有個標準來依循。像是每當顧客看到米其林美食評比，並對名列在上的餐廳趨之若鶩，不管喜不喜歡這類料理，反正吃看看就對了。但如果仔細一想，米其林的評鑑方式並不是每家餐廳都認可，也無法涵蓋所有的食物種類，像是我最愛的水餃、麵線糊呢？

傳統的智力測驗就像是米其林美食評鑑一樣，雖然不全面，但因為有可行的評估方式與結果，因此廣為人知並容易接受。多元智能則像是一本美食說明，告訴你美味的食物應該會有幾個面向以及條件，但不明說有哪幾家好吃。為求快速好用，大眾當然會選擇前者，不過若是老饕，就肯定不能錯過後者。

倒也不是提倡者加德納本人反對評量，精準一點說，他反對的是粗糙的評量。試想，空間與身體動覺的能力要怎麼透過紙本測驗來評估呢？人際與內省的能力，用「你覺得自己是個會反省的人嗎？」這樣的提問來評估會準嗎？顯然是不行的。缺了簡易評估方式的多元智能理論，就像是精彩絕倫的電影劇本，但缺了合適的導演與演員，以至於一直停留在幕後而未能大放異彩。

既然多元智能這麼難用，那為什麼我們還要了解它呢？用智力測驗不就好了？答案是，我們需要全面性地了解人的智能，才能適切地看待學生、孩子，甚至是自己。試想，在獨尊智商的時代，那些在音樂、肢體運動上有才華的孩子，多半會被視而不見。一旦我們能更清楚地理解人的心智後，才能真正以欣賞的眼光，去看待不同面向的才華洋溢。

《統合心智》一書並不是單純陳述多元智能理論的發展，而是加德納本人半自傳式的描述個人成長歷程，以及哪些經驗對於多元智能理論的發現有關。對我而言，透過作者在書中的陳述，更能夠感同身受地去理解他的思路，從他的經歷也可以知道，偉大的理論建構多半是經歷了一些挫折才出現，而不是天縱英才地橫空出世。

作者在書中也提到一個讓許多老師、家長都在意的名詞——學習歷程檔案。當然，書中提到的學習歷程檔案在定義上跟現行台灣的不盡相同，但其根源是一樣的。從多元智能理論來看，愈小的孩子愈要多元地接觸各種領域的學習，以探索並發展不同的智能。但也因為各種智能無法簡單地量化成幾個分數，因此參與過程就顯得相當重要。正如加德納在「光譜計畫」中，從不同角度、長時間去觀察孩童在不同智能領域的表現，如此才能了解孩子整體學習成長的情況，而不是單憑紙筆測驗就予以武斷地測量。

我相當喜歡書中一個段落，那是加德納被問到：既然人有多元智能，那麼哪個智能比較重要？應該先發展既有優勢智能，還是要改善弱勢智能？他的答案可能會讓很多人不滿意，那就是「因人而異」——依照不同年齡的對象、不同的教育目標與不同的家庭社經背景，而給予不同的建議。這樣的回答雖然不易被接受，但卻是最懇切的。

每個人都是獨立的個體，有各自的成長背景與情感發展，過去種種都是構成一個人的重要基石，也因此，要考量其未來發展時，當然需要多方納入考量。單一答案雖然簡單易懂，但不夠真確，而這也是多元智能理論一再提醒我們的事。

推薦序

以統合心智開創未來

社團法人瑩光教育協會理事長　藍偉瑩

加德納教授因「多元智能」（Multiple Intelligences）理論為世人所知，成為當代重要的教育家。看到這本新著作真是讓人興奮，這樣的興奮來自於一位學者展現了人類好奇的本性，為了追求更好的答案而持續提問、持續探究，這樣不斷自我對話與自我突破的歷程，與他在書中想告訴我們的發現是同等重要的。他不執著於捍衛自己的理論，甚至還能檢視與調整理論，為我們示範了一個知識產製者應有的態度與行動，也在這個評價自己的歷程中，形成更精鍊的理論——「統合心智」（The Synthesizing Mind）。

過去加德納教授透過多元智能的說明，讓我們認識到智能多元的存在與意義，每一種都不應當被忽視，也不該有優劣之分，更不表示我們只具有其中一種或幾種而已，或是我們僅需要單獨運用某個智能就能回應生活與世界。相反地，就如同加德納教授自我覺察後的發現，我們總是在運用統合心智後，才真正理解了世界、發現了新知、創造了解方，這也讓不同的智能在個人或群體發展的歷程中產生了積極的意義。

在這個跨領域的時代，早已不再以為單一領域或是領域相加就能面對全球挑戰，而是真正面對情境，理解脈絡，而能將不同領域整合運用於該發揮之處，這是我們創造未來正在走的路，關於人類的智能更是如此。回到真實情境中更不難發現，現實中智能的運用很自然地就是以統合方式運作。

如果你還在以區別智能或區別領域的方式進行學習，那麼你可能只能回應已經存在解方的問題，或是重複進行相同的事情，終將在多變的時代中無法動彈。推薦大家這本書，無論你是否曾經讀過多元智能的理論，這本書能夠讓你重新思考自己或群體，營造不斷突破與創新的可能性。

序言

我一踏入演講廳，就感覺情況似乎很不尋常。

那是一九八四年秋天，我受邀到曼哈頓市中心的希爾頓大飯店，在全國獨立學校協會（National Association of Independent Schools）年度大會上發表演說。協會邀請我談談我剛出版的新書，也就是《心智解構》（*Frames of Mind: The Theory of Multiple Intelligences*）。

身為一個在大學兼課的心理學研究者，演講對我來說根本是家常便飯。當時我已經發表過許多學術及通俗文章，寫過幾本專書及教科書，甚至還得過幾個獎。這本新書出版後得到許多關注，在一九八三年九月出版前後，我已經針對這個主題做過幾次演講。

當我通過長廊進入演講廳，馬上注意到場內座無虛席，許多人甚至得坐在走道上。我一現身，原本鬧哄哄的聲音驟然而止。在瞬間的靜默中，我看到有些人對我指指點點，竊竊私語的交談聲開始此起彼落。主辦單位介紹我時，現場爆出如雷般的掌聲，這在當時的學術場合並不尋常。根據過去的演講經驗，聽眾通常會不時起身走動、翻閱紙張的聲音沙沙作響；但這場演講中，聽眾卻從頭到尾全神貫注，專心到超乎尋常的程度。演講結束後，許多聽眾拿著我的書排隊簽名（畢竟這是手機自拍和Kindle出現之前的幾十年）。

我的預感是正確的，這本「多元智能」理論著作的出版，就此改變了我的人生。在那之前，我不過是個普普通通的心理學研究者；但現在，我是一本引發人們熱烈討論多元智能的作者，是一項備受爭議的理論創始人。我之前寫了幾本有關心智的書，內容基本上都是整理別人的想法；如今，我自己的見解成為眾人讚揚、批評與辯論的焦點。

雖然我很希望走在街上或機場時不要被認出來（我至今依舊如此盼望），然而，每當被問起是不是「霍華德．加德納」、「加德納博士」、「加德納教授」，甚至「那個霍華德．加德納」時，我也漸漸習慣點頭說是。

就某些方面來說，我發現學者與公共知識分子的名聲為我帶來許多好處。出名並非我個人所好，我也從沒想過自己有一天會小有名氣，但坦白說，知名度的確能讓人感到滿足，不僅能受邀參加有趣的會議和聚會，還能增添一點薪水之外的收入。在本書中，我也會談到這方面的相關經歷。然而，這並非是我撰寫回憶錄的目的。以下兩點，才是促使我撰寫本書的主要動機。

其一，在我們這個時代（尤其在美國），演講者和作者往往會與特定主題劃上等號。我寫過三十本書、數百篇論文，還做過幾十個研究計畫，但我總被稱為「多元智能創始人」或「多元智能之父」，想必這個稱號未來也會一直跟隨著我。我不會放棄，也不後悔發展這個理論，畢竟理論提出以來的數十年間，我在上面花了不少時間。然而，不論是基於個性、天性或使命感，我從來不想一生只鑽研多元智能理論。我不認為自己應該像別人所期待的那樣，僅僅因為我提出這個理論，就有義務不斷地完善它，甚至得終其一生捍衛它。生命是如此短暫，我還抱持著許多有趣的想法和興趣，因此我理應選擇將注意力轉移到那些事物上，而非繼續成為多元智能理論的俘虜。

再者，多元智能概念雖然成功喚起全世界的注意，但卻無法保證人們能夠正確地理解它。令人感嘆的是，多年來，我為了阻止誤解而做出無數努力，但成果卻微乎其微。我很少會去質疑那些揮舞多元智能大旗的人背後藏著怎樣的動機，但有些人確實是以破壞性的方式運用或改造這些概念。

事實上，正如後面篇幅所詳述的那樣，曾有個案例是如此公然地濫用我的理論，讓我不得不公開予以譴責。那次不愉快的經驗，改變了我之後幾十年的工作方向。由於我的想法屢屢遭受扭曲，使得我不再是一名探究人類認知的心理學家，轉而開始致力於理解和促進以合乎倫理的方式，使用我們所有擁有的智能與創造力。這樣的轉向，一眨眼也已經超過了四分之一個世紀。

在這本書中，我追溯了多元智能概念在個人歷史中的起源、相關概念在我研究生涯早期的發展、世人對多元智能理論的最初反應，回顧了自從提出這個理論以來，我在學術和文化領域所經歷曲曲折折的四十多年。

除此之外，還有一個對外人來說難以想像，但對我而言至為重要的動機，驅使著我完成本書。在我大半輩子的學術與寫作生涯中，始終聚焦於人類的心智，也就是「我們」這個物種的心智；但在接下來的篇幅中，我將試圖檢視「我」這個人的心智，也就是半個世紀以來，開創多元智能理論與許多其他學術概念的那個心智。令我感到詫異的是，我發現這種心智無法輕易地用多元智能來加以解釋。

這導出本書的核心要旨——我確信我的心智屬於「**統合心智**」（synthesizing mind）。

統合的動機與能力，源自於個人的人生總體目標；而統合的行動，則有賴以各種方法運用多元智能及智能組合。我相信透過深入剖析統合的行動（或者說是統合的藝術），能夠將這種尚未被太多人分析過的心智說明清楚。在人類未來的歷史篇章中，將證明這種心智是多麼的重要。

早在我還是個學生的時候，就深受一種研究與寫作方法所吸引。這種方法被稱為「社會科學的質性研究」，但若將這種方法稱為對人類心智、人類天性與人類文化的「統合之作」（works of synthesis），或許會更為精確，也更讓人感到親近。這是我大學時期的老師——從精神分析學家艾瑞克森（Erik Erikson）、到社會學家黎士曼（David Riesman）、再到心理學家布魯納（Jerome Bruner）——所為我樹立的典範；也是我高中時的偶像美國歷史學者霍夫士達特（Richard Hofstadter），與大學時的英雄文學批評家威爾森（Edmund Wilson），在其論述中展現的迷人成就；他們對我的一生影響深遠，也是我在寫作過程中不斷試圖要達到的目標，特別是在《心智解構》一書中。

我相信我長期從事的研究，是介於新聞報導與科學實驗之間，是一種有憑有據且特別珍貴（或許也特別不穩定）的知識形式。這是我的志業，是我所擅長、也可說是我的相對優勢。然而，我愈來愈擔心統合研究可能逐漸式微。當今學術界日益關注標準學術專業領域內高度技術性的量化研究；而媒體則一面倒的喜好單一、簡單的「大創意」（big idea），以及彷彿不用提詞，就能字字句句投訪問者所好的那類評論家。那些令我所欽佩並努力開創的宏大統合觀念，如果有一天不幸從公眾領域中消失，將會是多麼令人遺憾的事情。

有鑒於此，在後續內容中，我企圖描述並闡釋兩大主題，適足以反映這些動機：

一、告訴大家在提出智能的新觀點，以及改變關於智能的人類對話時會牽涉到的層面，並解釋我為什麼不想永無止境地被「改變對話者」這個角色所束縛。

二、探究那個開創出有關人類經驗新觀念的心智，那個自童年起就試圖統合大量訊息，以對開創者有意義的形式來描述統合的結果，並能以清楚的方式傳達給更多大眾。

當我提出我的故事和論點時，我試圖說得清楚明白、直言不諱，但這並不是「愛與生活」那類故事，而是對於心智生活的描述，是一部學術回憶錄。主要會分成三個部分來說明：

第一部，從我的童年時期到求學生涯說起，到我嶄露頭角並成為專業的研究心理學者與作家歷程中，影響我心智發展的議題與因素。因為我是形塑概念的人，也是故事裡唯一的主角，我不會確切知道是哪個因素影響我成為統合者，是家庭、故鄉、嗜好、興趣、好奇的事物、優缺點、朋友、活動、還是學校選擇。不過，至少我提出了一個統合心智出現的個案研究。

第二部，我詳述怎麼開始為我最著名的多元智能理論進行統合。然後，從我在希爾頓飯店演講當天的感受談起，接著檢視一個觀點爆紅會引發的情況；我對於學術批評與大眾崇拜及需索的反應；多元智能理論如何同時「解放」我又「俘虜」我；以及，受到多元智能理論影響的許多人士所發展出來的各種課程與專案，包括由我同事和我所設計出來的研究計畫。

第三部，我公開自己不可勝數的其他研究方向，努力用統合心智的能力，把看似發散的諸多興趣連結起來。在我自己學術生涯意料之外的轉折中，對於多元智能理論的觀點與反省，最終引領我走上大規模、長達十數年的專業倫理研究與高等教育研究。直至今日，我仍然一直在研究一般人的心智，以及藝術、科學與政治界巨擘的心智。

在本書的最後幾章中，我借鑒自我知識（也就是內省智能）之鏡，嘗試釐清統合心智的運作方式，探索它究竟從何而來、如何運作、與其他人有何差異，以及這樣的自我知識，能為今日及未來擁有不同心智的人類帶來何種啟發。首先，我指出我所採取的統合研究方式，不僅不同於新聞寫作，也不同於一般的實徵社會科學研究。此外，我還介紹我在統合方式上的遞嬗演變：從「一般性統合」——撰寫整合學術領域共識的教科書（而且我還研究了兩個截然不同的領域），到「創造性統合」——正如偉大的生物學家達爾文（Charles Darwin）或歷史學家霍夫士達特所做的那樣。或許我仍有所不及，但這是我一直以來在智能、創造力與領導力研究中所努力實現的目標。

回顧我一生的研究，我想表明為什麼提出強而有力的概念、探索廣泛與審慎的研究，並試圖以清楚的方式傳達給學界和大眾這幾件事，是值得我投入一輩子心力的志業，我深深地相信，這份志業是身為人類的我們應該繼續追尋的，而且只要人類還存在，就應該好好珍惜。

THE FORMATION OF A SYNTHESIZING MIND

第一部

統合心智的形成

第一章 一個十歲孩子的心智架構

如果你見過十歲的我，猜猜你會注意到什麼？一個胖嘟嘟但活力充沛的小男孩，黑髮，戴著厚重眼鏡，時常埋首於書中；或是拱著背坐在鋼琴前，彈奏著巴哈的前奏曲或賦格，身邊常有母親相伴；或是縮在小型手提式打字機前，用兩三根手指敲著字母，就和我現在用筆電打字差不多。兒時的我，為什麼會投入這些事情呢？

我母親是希爾德・貝拉・威海姆（Hilde Bella Weilheimer），父親是魯道夫・加德納（Rudolf Gärtner），他們出生於德國紐倫堡的小康中產階級猶太家庭。在希爾德二十歲、魯道夫二十三歲那年，他們結婚了；在那個年代，對那個社會階層來說，這算是非常早婚。他們在興旺了好幾代的家族土地上，繼續過著中產階級的生活。

一九三三年一月，希特勒被任命為德國總理，對於猶太人來說，這無異是個突如其來的打擊。我父母高瞻遠矚，一九三四年就遷居米蘭，期盼在義大利開始新生活，遠離日益殘酷的納粹政權。但是，隨著社會大眾愈來愈清楚義大利領導人墨索里尼和希特勒有相同的傾向，在意識到義大利絕非猶太人安居之處，希爾德和魯道夫又搬回德國。他們的長子艾瑞克（Erich）出生於一九三五年九月。之後，這對夫妻人生的首要任務（不久之後也成了**攸關生死**的事），就是帶著艾瑞克離開德國，順利移民到美國。

後來，希爾德和艾瑞克被雷厲風行的納粹政權挾持為人質，為了解救妻子與孩子，我父親曾三度搭船前往美國，不停地尋找可以幫加德納一家三口作保的朋友，以保證這家人不會成為美國的財務負擔。一九三八年夏天，加德納一家終於受到幸運之神的眷顧，父親昔日同窗幾年前搬到加州，他願意提供書面證詞供法庭作證[1]。於是，一家三口收拾起行囊與所有資產，付了四倍的行李費用，終於如願以償地搭上前往美國紐約的船。

一九三八年十一月九日，加德納一家在晚上抵達紐約，他們語言不通、舉目無親，在德國當局的許可範圍內，每個人名下只有五美元。那一夜，就是惡名昭彰的「水晶之夜」（**Kristallnacht**），別名又叫「碎玻璃之夜」。德國全境數百間猶太會堂遭到破壞或摧

1 我最近才得知這位友人艾爾弗雷德．馬舒茨（Alfred Marshütz），必須擔保我父母的財務穩定長達五年。

毀，許多猶太人遭到逮捕、傷害、甚至謀殺，包括我母親的幾位近親都是犧牲者。

但我父母很幸運。他們有幸身為德國人、而非東歐人（根據統計，大約有三百萬名波蘭猶太人慘遭納粹及其支持者殺害；二十萬名德國猶太人被殺害）；他們有幸全家成功逃到美國；他們有幸身體健康，能夠東山再起。

然而，好運沒有持續太久。他們從紐約搬到賓夕法尼亞州的斯克蘭頓（Scranton），在名不見經傳的小城，過著省吃儉用的生活。過去從沒做過體力活的父親，如今以扛瓦斯桶賺取十五美元的週薪養活一家人。過去從未煮過一餐、連床都沒親手鋪過的母親（即使是在經濟大蕭條時期，包含她在內所有社交圈的朋友都有女傭），如今撐起一個家。不久後，這個家甚至還為許多流離失所的難民，提供溫暖的庇護。

揮之不去的陰霾

一九四三年一月，不幸的悲劇發生了。我哥哥艾瑞克在斯克蘭頓玩雪橇滑下坡時，因為一隻狗而分神，不幸意外身亡。許多年後，我父母告訴我，要不是當時母親已懷有三個月身孕（也就是我），他們會選擇自我了斷。當時，他們覺得**自己失去了一切**——祖國、工作、親朋好友，再加上天資聰慧的寶貝兒子。雖然艾瑞克到美國時，連英文字都還不認識三個，但他非常聰明（這樣的形容我聽得可多了，無論是用英文、德文、法文），聰明到可以不用念二年級，直接跳級。

當時，美國父母一般會對孩子隱瞞壞消息。我父母在我面前絕口不提德國、希特勒、集中營，也從不談論他們早年的生活。他們拚命想要重新開始。還有，或許這點更令人訝異，他們從未告訴我艾瑞克或他早夭的事。當我問起家裡裱框照片裡的「艾瑞克」是誰時，他們只說他是「住在附近的」小男孩。有一次我翻抽屜時，碰巧找到幾張關於艾瑞克死亡的剪報，我的天真無知從此畫下句點。我會用「無知」這個詞，是因為孩子往往比父母所認為的更善於觀察與分析。儘管嬰幼兒專家斯波克（Benjamin Spock）醫師和我父母是出於好意而有所隱瞞，但我認為在某種程度上、透過某種方式，我早就知道艾瑞克與希特勒的存在。

我從上述往事說起，是因為這兩起事件主導了我的童年，或至少對我有著深刻的影響，儘管我父母對此刻意避而不談，或許也正因他們太刻意對此噤聲。賓州東北地區和我同齡的小孩大多是第二或第三代的美國人，但我和妹妹瑪麗安（Marion，一九四六年生）在家卻以德語為母語（我爸媽若有不想讓我們知道的事情，就會用法語或偶爾用義大利語交談），因此我家經常會有說德語的難民來作客或共進晚餐，他們更常聚在我們那狹仄的無電梯三樓公寓沙發上。

無庸置疑的，對於一九四〇年代後期到一九五〇年代的二戰及其後果（包括許多所謂流離失所者的困難處境），是當時每個人心中揮之不去的陰霾。我父親從未真正適應美國的生活。如果可以彈一下手指就回到一九二〇年代後期的德國，回到有足球賽、拉格（lager）啤酒、炸豬排的時光，他絕對樂意為之。我母親則採取相反的策略（她於二〇一三年以高齡一百零二歲辭世，到老都神智清明），她輕鬆地適應美國的生活，往後再也不想再靠近德國一步（她很滿意我們家的姓氏發音英語化成Gardner）。

然而，艾瑞克的大好前途與悲慘亡故，卻總是像烏雲般籠罩在我父母心頭。確實，雖然我給他們「滿分爸媽」的評價，但不知為何，我感覺自己彷彿像是哥哥的替代品，甚至連我的中間名「厄爾」（Earl），都是刻意把「艾瑞克」（Eric〔h〕）英語化而來。這個紀念行為也持續下去，在之後幾代的家族分支中，也有好幾個名叫艾瑞克的兒孫。

我父母在德國長大，他們是典型一九二〇年代日子過得安逸的年輕人。他們平日的休閒娛樂是跳舞、參加派對、滑雪，社交活動多采多姿。但自從在雪橇意外中痛失長子，他們便對我非常保護，不希望我參加任何可能導致嚴重傷害的活動。因此，我基本上不能從事任何運動，我從沒滑過雪，也不曾玩過橄欖球。一直到二十幾歲時，我才第一次騎單車，但對於騎兩輪單車，我總是感覺不太自在。

雖然我並不厭惡社交，但就如同本章開頭所述，我日常主要活動多是獨自進行，例如大量閱讀、規律寫作、專心練琴。即使到現在，我還是喜歡游泳勝過於其他團隊運動。即使如此，我一直都有很多知心好友，也和熟識的友人保持來往，不過我絕對是個不愛交際的人，更別說是過團體生活了。

熱愛閱讀、寫作與音樂的少年

大多時候的我都活在自己的世界裡，關於這一點，數十年來我心知肚明。我幾乎天天彈鋼琴，這得感謝那位注意到我有音樂天賦的鄰居，他溫和地催促我父母花三十美元買下一架鋼琴。我也在我們的教堂裡彈奏手風琴和管風琴，中學時則吹奏長笛。我喜歡收聽廣播的各類音樂，收集並聆賞許多黑膠唱片（大多數是33轉，而非45轉或78轉），而且幾乎在所有清醒的時間裡，我的腦中隨時盤旋著音樂，此時此刻便是如此。

我大量閱讀，家裡有什麼就讀什麼，我也讀斯克蘭頓公共圖書館的藏書，並在那裡度過數也數不清的美好時光。我不是為了逃避而閱讀，而是對於世界求知若渴，不管是從運動到天氣，我對一切都充滿好奇。我讀了一本百科全書，還把全套的《世界百科全書》（*World Book*）擺在床邊方便查找。要是我晚出生六十年，絕對會讓搜尋引擎非常忙碌。

我讀過多本當年非常暢銷的「世界的里程碑」（Landmark Books）系列叢書，尤其鍾情於歷史與傳記。它們總環繞著人類歷史上的重要選擇，不論這些選擇是出自個人意志或是情勢所逼，都為後世帶來深遠的影響。二戰時期的歷史和傳記也是我家為數不多的英文書常見主題，這顯然反映我父親的關注議題。雖然我也讀故事、小說和《少年生活》雜誌（*Boy's Life*），但吸引我的大多是知識類（nonfiction）讀物。

回顧過去，雖然我大量且廣泛閱讀，但從未刻意組織與整理所讀的內容。和很多年輕人一樣，我的記憶力不錯，不管是對於歷史、科學或運動方面的資訊。我善於利用資訊作跨領域的連結，例如我會把運動人物比作歷史人物，或是把媒體名人比作當代政壇人物，或比較兩個截然不同的社群或領域在同一年所發生的事。當時的我，想必也試圖理解家中那大有蹊蹺的沉默，想弄清楚我哥哥的死和幾百萬猶太人慘遭屠殺的真相。我以**不拘泥於學科領域**的方式，或是說尚未被學科框架所局限的方式，試圖探查事件的相似之處、找出關聯、辨識差異、進行比較。我的大腦就像個龐大的訊息庫，擺放著所有資料，資料之間沒有明顯的界線區隔。當時，我還未學習正統的專業科目，如歷史、經濟學或政治學，所以我完全是靠自己進行區分、比較與連結。

我也熱愛寫作。七歲那年，我在無人敦促之下，開始為班上發行報紙。我家有個小型印刷機，我會耐心地將每個字母排在版上，壓下操縱桿，費盡苦心印製出四頁班刊。後來，我很驚訝地發現，真的有人去讀、甚至保留這份刊物，包括我親愛的父母。但對我來說，製作這份刊物並不是最重要的事，重要的是把我腦中的東西寫下來，那才是真正的樂趣所在。事實上，即使經過這麼多年，這份寫作的樂趣還依然存在。此刻當我在書桌前打這些字時，我希望能運用文字，將我的所思所想傳達給全世界，即使這些字詞有一天會永遠消失無蹤，或在網路空間散佚，我還是會繼續寫作，因為我親身見證了它的存在。

所以，退一步（或進一步）來看，如果我現在要建構統合心智的發展模型（或至少是脫胎自我自身經驗的模型），我會選擇以下幾個要素：第一、展現廣泛的好奇心，能學習並記憶大量事實與數據；第二、能提出問題（不管問題是從書中找到的，還是從大自然、機械實驗、他人口中或由自己的想像而來），也能細心推敲答案；第三、把這些初步的答案拼湊起來（以不分領域的方式，但也不亂無章法），看看是否說得通；以及最重要的，第四、以某種符號系統把答案記錄下來。

我的大腦不分日夜地運作，常常讓家人和朋友疲憊不堪。在學校，我是聽話的好學生，成績一向名列前茅。雖然我不想這麼說，但我確實是個考試高手。對當時的我來說，不管我選擇專注在什麼活動上，取得成就向來是件重要的事。雖然我永遠無從知道，我是否和已故且備受關愛的哥哥一樣會念書，或至少能像他一樣學得很快，但或許我在潛意識上多少是在和他競爭。

小時候的我有偶像嗎？從我掛在臥室牆上的三幅照片可略知一二。其中兩幅是知名攝影師卡希（Yousuf Karsh）為物理學家愛因斯坦（Albert Einstein）與小說家兼短篇故事作家海明威拍攝的人像，還有一幅我外公馬丁・威海姆（Martin Weilheimer）充滿卡希風格的相片，這張相片至今仍掛在我的書房裡[2]。雖然七十年前的我完全沒意識到這點，但照片中的人們都在各自的領域裡（科學、藝術、企業）頗有成就，彷彿意味著兒時的我，期許自己有朝一日也能達到相同的境界。

在睡袋裡對抗蟲子的童軍

家族中一位友人曾告誡我父母，不要過度保護我。多虧有他，我七歲時開始參加兒童隔宿露營。一開始我對此相當厭惡，因為不但得離開家，還要整天進行一些競爭激烈的體能活動，我毫無運動天分，也不熱中此道；但是七個年頭過去了，漸漸地，我對露營也變得還算有點熱情。我同時是幼童軍、童軍，而且年紀很小時就獲頒鷹級童軍。數

2 本書所附的照片和影像紀錄分成兩部分。我外公的照片請見相片輯一，頁一六〇。

十年後，我開心地發現，長年擔任「美國教師聯合會」（American Federation of Teachers）主席的尚克（Al Shanker）也是鷹級童軍。他是個高大、樸拙、骨子裡很理性的猶太人，即使處在基本上屬於當代英美體系的機構裡，仍能獲得廣受認可的地位。

想要成為鷹級童軍，你需要獲得二十一個專科章，這意味著我必須進行二十次隔宿露營。跟露營一樣，我本來一開始也很排斥遠足，但後來也適應了。然而，我從來就沒有因此而愛上露營和遠足。那二十次的長程徒步旅行，踩在泥濘的小徑，背負沉重的行囊，在漫長的夜晚躺在陳舊的睡袋裡對抗蟲子，讓我永遠都不想再露營。或許我的兒孫們聽到我的真心話，應該會覺得很惋惜吧。

即使我缺乏團隊競賽所需要的動作技巧，但童軍的經歷卻給了我一個很不尋常的技能——我成了童軍操法高手。幼童軍或童軍必須列隊，學習確實聽從口令踏步行進。我或許看起來很邋遢，因為我向來姿勢不佳（我依稀還聽得到父母親用他們微微帶著德語腔的美語，悄聲給我下指令：「站直」、「坐正」），但我從來沒掉過一拍鼓聲。優異的操法技能或許和我的音樂天分有關，也或許是和我很會考試有關。不管原因為何，就和隔宿露營一樣，我很開心我永遠不用再做操法訓練了。

賓州的斯克蘭頓絕非主要的媒體渠道。十九世紀末的斯克蘭頓曾是生氣蓬勃、人口擴張的大都會區，也是人們看秀和買春的「必訪」聖地，但此時卻受封為美國第一批宣告的「蕭條地區」。星期六下午，當我到河濱影院（Strand Theater）看電影時，有時會注意到斯克蘭頓淪為片中笑柄。當時天真的我，還以為是音效編輯刻意將城鎮名配音進影片中。但事實並非如此，我上大學後去看電影，才發現斯克蘭頓依然是許多固定段子的笑點！

不管斯克蘭頓昔日有多蕭條、多適合拿來訕笑，這個城市仍有許多廣播電台和電視台。我約莫十歲時，參加一個叫做《少年評審》（*Junior Judges*）的廣播音樂節目，上節目的小孩要評比多種錄音，包括流行音樂，以及比較嚴肅的音樂。我的表現相較於其他參賽者顯得輕鬆又厲害，隨著當地聽眾對我的聲音和言談愈來愈熟悉，我也初嘗小小的成名滋味。

我年紀更小時也上過另外一個節目，那個電視節目叫做《黑影神猜》（*Shadow Stumpers*），參賽者要從剪影辨識出物體。我這才發現，在小學裡名列前茅的我，非常**不擅長**此事，如果我沒記錯的話，我的表現差到主持人最後還得給我提示。我不討厭比賽，也常和家人與朋友玩很多桌遊比輸贏，但經過那次經驗之後，我決心不再參加任何以辨識視覺圖案的比賽。

視覺上的障礙

我們通常會以為**所有人**都和我們有同樣的想法及感受，甚至有時像個小孩一樣，根本不會設身處地去思考其他人的想法，這就是所謂的兒童自我中心。而自我中心降低的好處（但也有可能伴隨著痛苦），就是了解到大多數人的想法都和自己不同，甚至意識到，我們在某些層面的表現上與大多數人不同。就像我在《黑影神猜》的表現，就讓我了解到自己在視覺表現方面處於劣勢。

探究其原因，首先，我缺乏立體視覺，一次只能用一隻眼睛看東西。我右眼視力比左眼視力差很多，所以我永遠無法享受3D電影或任何三度空間的物體。有趣的是，我外公和我哥哥艾瑞克也都是單眼弱視，有一隻「懶惰眼」（lazy or wandering eye）。艾瑞克甚至戴眼罩遮蔽健康的那一眼，以強化另一眼（雖然這麼做可能徒勞無功）。我還有色盲，無法辨識「石原氏色盲檢測圖」（Ishihara test）上的數字。此外，我也有「臉盲症」（prosopagnosic），無法辨識人臉。這也是來自遺傳的特徵，我父親可能也有，我女兒凱芮思肯定有。事實上，要是我跟你見面聊天，我可能會說：「如果明天再見到您，我大概認不出來，所以希望您能夠向我表明身分，也請千萬不要覺得我是針對您。」儘管這些視覺能力上的缺陷乍看之下十分相似，但根據我對生物學的了解，它們彼此之間並無關聯。

然而隨著我逐漸成長，我開始對於視覺藝術感興趣，甚至博士論文也以此為研究主題，最終也受邀加入「紐約現代藝術博物館」（Museum of Modern Art）的董事會。雖然我發展出各種彌補機制，但講到任何和視覺有關的事，我確實就是殘障。

那我又是怎麼對待別人呢？雖然我不太喜歡「道貌岸然」（goody-goody）這個詞（或是這種性格描述），但我確實是這樣的小孩。許多小孩在青少年階段有強烈的是非對錯觀念，也就是心理學家柯爾柏格（Lawrence Kohlberg）所謂的「好孩子／壞孩子」（good boy/ bad boy）心理狀態（英文名稱反映出當時的命名具有性別歧視）。舉例來說，「敏銳細膩」並非是多數孩子的主要特徵，然而當我一看到某些人或某些行為不符合我理想中的標準時，我就會加以批評。

這方面我絕對深受父母的影響，他們是典型的「好德國國民」（good Germans），總是循規蹈矩，守法守紀[3]。我記得他們唸過德國的經典警世寓言《馬克思與莫里茲》（*Max und Moritz*）和《蓬頭彼得》（*Struvelpeter*）給我聽，故事中的主人翁因行為不當而招致可怕的後果。我那對成長於威瑪德國的父母不管具有什麼挑戰權威的傾向，毋庸置疑都被希特勒統治下的生活氛圍所壓抑了；在納粹德國，無論是說錯一句話或甚至是一個不當的肢體動作，都有可能導致牢獄之災，甚至是更慘烈的下場。或許是這樣，每當我經過任何事故現場，都會直覺地移開視線並快步離開——此舉讓我的太太和多數美國朋友都很訝異。

何謂「好」行為？

當時發生了兩個令人難忘的插曲，有助於解釋後來我和研究團隊為何會持續關注道德倫理的議題，以及為什麼我過去二十五年來的研究，都著重於何謂「好」行為。

我這個在斯克蘭頓長大的孩子，每週六上午都會認分地參加麥迪森大道會堂的禮拜。某個大雪紛飛的週六早晨，我從丘陵區跋涉而下，走到麥迪森大道五百號街角去參加禮拜。當我抵達時，現場只有赫曼（Erwin Herman）拉比一人（因為那裡是改建會堂而非正統猶太會堂，所以其他人都選擇待在家裡）。我幾乎篤定他會取消禮拜，畢竟何必只為了一個乖小孩，花一個多小時祈禱、誦經、讀《妥拉》（*Torah*）和布道？但是他卻依然完成整個禮拜儀式。後來我問他，為何要大費周章地為一個年輕信徒這麼做，他的回答十分簡短卻令人難忘：「上帝不會數算現場有幾個信眾。」

大概在同一時期，約莫是我念六年級時，有位老師名叫瑪格麗特・戴爾（Margaret Dyer），她是該區權大勢大的教育局長約翰・戴爾（John H. Dyer）的妹妹。有一次，戴爾老師要全班聽音辨別一個音符，但是她辨識錯誤（她說那是F音）。於是，我對老師說：「戴爾老師，妳錯了，那個音是升F。」我的語氣不算輕蔑，但大概是一副「我最

3 你大概聽過德國人在告示牌後空等數小時的故事；他們即使聽到火車鳴笛表示即將發車，也愚蠢至極到不上火車，只因他們嚴格遵守「請在告示牌後等待」的指令。

對」的口吻。戴爾老師不喜歡受到質疑，於是在全班面前，用戒尺用力地打我的手背。

在大庭廣眾下受辱讓我十分生氣，所以我把這件事告訴母親。她想了一會兒，就和校長約時間面談。後來，母親和我大步走進瑞茲校長（Mr. Reese）的辦公室，並重述事情原委。過了不久，戴爾老師被叫進校長室，儘管她和地方教育局核心權力的關係匪淺，她卻必須向我道歉，此事著實讓我大吃一驚。

我從未忘記當時母親的勇氣，也許正是那樣的勇氣，讓她撐過德國和義大利法西斯主義；我也從未忘記校長對於公平正義的堅持。正因如此，當我一開始理解複雜的道德情境時，我盡可能保持不偏頗和客觀中立的態度，也相當鼓勵他人採取這樣的立場。

寫到這裡，你應該對我至少有個粗略的認識了，知道在哪些面向、技能和能耐上是我所擅長的，哪些又是我所欠缺的，不管是相對還是絕對而言。如果今天我能和少年時期的自己重逢，必須向他描述他的優勢範疇與相對劣勢，我會用多元智能理論的術語做出以下總結：

- 語言能力：非常強。

- 數學與邏輯能力：強。
- 音樂能力：相當強。
- （視覺）空間能力：弱，大概是因為生理／遺傳因素。
- 身體動覺能力：弱，因為童年鮮少有機會練習與改善（雖然童軍操法和彈鋼琴有可能例外）。
- 理解他人：不強。
- 理解自己：中等。
- 對於大自然（動植物等）的辨別能力：適中，至少可以獲得童軍專科章。
- 對於「大哉問」的興趣：對世界充滿好奇，尤其是古往今來的人類世界。

我想，這種自我分析不太可能發生在兒時的我身上。如前所述，多數的十歲孩童不會有意識地拿自己和他人，來比較各種認知技巧及運作方式上的差異。確實，我們很容易以為其他人的想法和我們差不多，於是就對那些具有不同「心智架構」的人妄加批評。然而，不管當時的我懂或不懂，我都是一個活生生的例子——我呼吸、我行走、我幻想——適足以證明人類智能具有廣泛的範疇。要是我對如今七十六歲的我進行同樣的分析，結果應該相去不遠。不過，我倒希望自己的人際智能在這幾年的努力下能有所進步。

這就是十歲的小華（Howie；大家都喚我這個小名）的心智架構——天賦（閱讀、寫作、音樂）和缺陷（視覺、體能）並陳。大量訊息存在於我那還沒被學科框架局限的心靈裡。擁有無比好奇心，尤其對於與人相關的眾人與政治之事。具有強烈的良知，也就是我後來學到的強大的超我（superego）。閱讀量龐大，會仔細傾聽他人見解，並試圖理出頭緒；有時只在腦中思考，有時會和他人對談，而且通常是年紀比我大的人。同時也筆耕不輟，將內容刊載於我自己製作的班級通訊刊物中，這份薄薄的小報，曾在我的童年時期不定時出刊。

第二章　測驗可信度與未來的方向

一九五六年，也就是我參加成年禮的那年，父母帶我踏上為期五天的旅程，到紐澤西州的霍博肯（Hoboken）接受「測驗」。我父母是沒有受過高等教育的移民，顯然不知道該如何教育像我這樣的小孩。我在學業和鋼琴方面的表現都格外出眾（沒人在乎我在童軍操法上的卓越表現！）。

我得補充一下，這裡所謂的「出眾」，指的是在賓州的斯克蘭頓。在這個人口不到十萬、老年人口比例較高的小城，和我年紀差不多的小孩或許頂多一千人吧。如果是在人口規模大一點、經濟比較不蕭條的地區，我還能算得上出眾嗎？這恐怕就有點難說了。

無論如何，從親戚朋友、學校老師到會堂裡的拉比，全都強烈建議我父母，務必要帶我去拜訪訓練有素的專家，尋求有關未來發展的明智建議。只要花上幾百美元，就可以在史蒂文斯理工學院（Stevens Institute of Technology）進行一套完整的心理測驗。

我父母帶我去了，但我對測驗過程的記憶很模糊，只記得當時花了好幾天、用上了各種測驗工具。我多次設法想找出當年的測驗報告，或者至少列出我在一九五〇年代中期到底做了哪些測驗，可惜最終一無所獲。我懷疑當時我做了全部的認知測驗，很有可能還有人格、動機、職業技能與性向測驗，以及當年的其他心理評估[1]。

心理測驗初體驗帶來的震撼

當時，有一幕永遠烙印在我的記憶深處。

測驗結束那天，我們一家被叫進主任醫師的辦公室，他的意思大致是：「加德納先生、加德納太太，霍華德是個聰明的孩子。他幾乎有能力做所有的事情，尤其在文書工作上特別有天分。」

醫師的話實在讓我感到震驚。我這幾天耐著性子答完攤在面前的十幾份測驗，結果我最出眾、最卓越之處，竟然是無論當時或現在都被視為不用太花腦筋的文書工作。

在典型的文書能力測驗中，受試者必須要看著一長串數字或字母，劃掉所有屬於（或不屬於）特定類別的數字或字母（比方說「劃掉所有的字母t」或「劃掉每一個偶數」），這種任務就連受過訓練的猴子或鴿子都做得來，更何況在今日直接交給電腦裝置去辨識就好。如果是這樣，我們一家何必花上整個星期和數百美元（大約等同於今日的數千美元），只為了一個任誰都能輕易看出的結論？何況對我來說，這個測驗結果對我的職涯和人生抉擇根本毫無幫助。這趟霍博肯之行，根本是花錢買胡說！

如前所述，我很擅長測驗，但這也讓我成為深知測驗弊病的批評者，尤其是針對選擇題。我很喜歡評論家巴克利（William F. Buckley）所說的話：「要答對試卷上的題目，你不需要知道正確答案，只需要推敲出美國教育測驗服務社（Educational Testing Service）**出題者所認為的**正確答案。」對我來說，一份好的測驗，應該要能夠測出你是否想得清楚、想得深入、又有原創思考力。然而，這些能力根本無法從作答時間一小時、用2B

1 比方說，參見 F. C. Thorn, *Principles of Psychological Examining: A Systematic Textbook of Applied Integrative Psychology* (Brandon, VT: Journal of Clinical Psychology, 1955).

鉛筆填答的測驗中看出來。

回想當年，我相當確定的是，整個星期的測驗根本無法測出我現在所珍視的那些個人心理特質，例如：廣泛閱讀、博學多聞、提出好問題並找出合理答案，以及在跨領域議題間建立有意義連結的能力（也就是「統合心智」發展的基本要素）。事實上，我甚至可以說，當時的測驗完全無涉於之後我將介紹的「決勝未來的五種能力」（見第十二章）。

對專業的質疑

除了我之外，當代心理學權威史騰柏格（Robert J. Sternberg）也對智能與智力測驗多所批評。（之後的章節中，我們會再提到他在這方面的批評。）史騰柏格是一位相當多產的作者，寫了十幾本書和無數文章，批判長期以來在心理計量學界占據主導地位的ＩＱ理論。雖然我和史騰柏格在批評角度及改善建議上有很大的分歧，但我們擁有同樣的人生經歷——我們小時候都做過心理測驗，而且都被所謂的「專家」做出不當解釋。

史騰柏格小時候因為不知道如何做測驗，於是被歸類為遲緩駑鈍，甚至懷疑他有可能是智能障礙。這使得他從那時候開始，就一直試圖證明這種用測驗片面地對人做分類是錯誤的。甚至早在七年級時，他就自行設計一份智力測驗，並讓同學當受試者。後來，史騰柏格在耶魯大學求學與任教，並在高等教育界的研究、教學與行政工作上締造許多貢獻。

至於從小一向乖巧、服從父母的我呢，這個測驗結果則為青少年時期的我帶來莫大震撼，彷彿清楚明白地告訴我一件事——我們不該不假思索就盡信所謂的「專業人士」（也就是穿西裝、打領帶、名字前後有縮寫字母、講話一副權威口吻的人）。他們其實並不一定知道自己在說什麼。當然，雖然當時的我還不知道自己未來會對哪個領域有興趣，我最終還是希望自己能取得專業。但我知道，自己已經傾向會去質疑他人的言論，不管發言者是我六年級的老師，還是霍博肯的心理學家。

好了，現在有個將滿十三歲的孩子，即將在猶太教成年禮上正式宣告為「男人」，並且經過心理測驗的判定，未來適合當一名文書工作者！加德納家族如今必須面臨兩個重要的決定。

寄情於音樂世界

第一個決定比較簡單，是關於我彈奏鋼琴。我父母之前根本沒打算要讓我學音樂。但正如我之前所述，我六歲時去朋友家拜訪，他們家有一架鋼琴。我純粹聆聽旋律並單憑記憶，就能彈出一模一樣的曲子。見到我有這種不凡的能力，朋友建議我父母買架鋼琴給我。我們家在一九五〇年代時還很窮，但我父母還是花了三十元買一架索默（Soehmer）直立式鋼琴給我。在我讀中學期間，那架琴一直擺在我家客廳。

我很幸運能受教於好的鋼琴老師。個子很高的伯格（Geri Berg）老師總是穿著長及腳踝的深色長裙或洋裝，她和我們家是舊識。一九三八年末，當我父親來到斯克蘭頓時，便在她的叔叔艾克底下做事，負責運送瓦斯桶。為了上鋼琴大師米洛維奇（Alfred Mirovitch）的課，伯格自己通勤到紐約市。我則是一週上一次伯格的課，但我會天天練習彈鋼琴，我母親通常會陪在我身邊，她小時候也學過鋼琴。

我很快就把希爾默（Schirmer）版初級教本彈完，然後開始彈奏簡單的曲目，如哈農和徹爾尼練習曲，還有巴哈與莫札特的短篇作品。伯格是超棒的啟蒙老師，她用身教與言教，引領我進入浪漫的音樂演奏世界。幾年後，伯格說她已經把全部的本領都傳授給我了。她建議我拜布里格（Harold Briggs）為師，接受更進階的學習。

我真希望有多一點關於布里格的照片和新聞報導，因為他實在是個了不起的人物。一九五〇年代初期，我開始跟著他學習鋼琴。高齡九十幾歲的他，獨居在一棟公寓的二樓套房，屋子裡的兩架平台鋼琴對他來說就像家人一樣。活力驚人的他，竟然能夠跳著走上公寓的樓梯！

布里格收了一群學生，學生們會定期彈奏給彼此聽，這個方法確實有效，除了可以檢視自己有無進步，還可以與同儕互相切磋琴技。我和布里格老師學習更有挑戰性的樂曲，例如莫札特和貝多芬的奏鳴曲，也就是現在所謂的標準演奏曲目。顯然地，我是他的明星學生之一，大概也是斯克蘭頓最優異的年輕學生（如前所述，斯克蘭頓是個小地方）。大概在我到霍博肯進行測驗前後，布里格老師對我說：「你得開始認真看待彈鋼琴這件事了。每天必須練琴至少二到三小時，或許也該到紐約正式拜師學藝。」

對我來說，做這個決定出乎意外地容易。我一直都喜歡在眾人面前演奏，無論是彈給家人、朋友和同學聽，但更重要的是，我喜歡彈給自己聽。我實在不想每天練習鋼琴好幾個小時，也不想從斯克蘭頓往返紐約（當時，搭客運或火車單趟就要花上四到五小時），所以我向老師表明心意：「我想，我會停掉正規鋼琴課。」我的確也這麼做了。過了一陣子，我又開始跟啟蒙老師伯格上課，但我們經常會一起彈奏曲子，四手聯彈對她和對我來說，都是一件新鮮又有趣的事。

放棄藝才之路

回想起來，放棄正規音樂教育的選擇彰顯了我反傳統的態度，反映我長期以來與正規學習之間的緊張關係。我很樂意繼續彈鋼琴，但是我不甘願遵循長久以來證實有效的那套方式，按照制式方式在眾所公認的領域進行正規學習。我有一個非常強大的「超我」，但它反映的是我個人的偏好——我不會當鋼琴家，但我也不會停止演奏音樂。

從中學、大學、一路到研究所，只要有空我就會自己練習彈琴，還會在學校派對中即興演出，也教幾個學生彈琴來賺取零用錢。直到今天，只要不是出門在外，我每天都會花半小時進行基本練習、彈些自己喜歡的曲子。在我心中，音樂始終占有重要地位，藝術心理學甚至成為我研究與學術生涯的關鍵部分之一。

某個程度上，我在十幾歲時就已感受到藝術才能和學業能力不能相提並論。在美國的校園中，當學生的某種天分開始表現突出，一條明顯的分界線就會出現。無論是彈琴、下棋、畫漫畫、跳舞或從事某項運動，如果一名學生在特定領域的表現優於學業成績，他將開始承受龐大的壓力。他會被要求在這個領域持續學習與精進，以取得將來賴以維生的飯票（例如進入藝術學院）。如果他夠幸運的話，還能締造璀璨的職業生涯。

如果一名學生的藝術與學業表現都很優秀，那麼繼續發展藝才這條路的壓力就小很多；畢竟在絕大多數的情況下，社會總是鼓勵學生優先追求學校課業上的表現。我就是一般人眼中的「好學生」。只要我的學業表現優異，要不要繼續精進琴藝（如同其他同學要不要精進網球、戲劇、下棋或跳啦啦隊），就完全取決於我。

我童年的藝術活動著重於音樂，我經常去紐約看百老匯音樂劇，一開始是和母親一起去，後來則是和跟我很要好的同學戈登（Ron Gordon，他後來成為圖文設計師）一起去。中學時代，我也常和家人或朋友去麻州西邊的檀格烏地區（Tanglewood）參加波士頓交響樂團的夏日音樂會，並且順道造訪當地的博物館。對我來說，藝術永遠能夠彌補學校專業科目的不足。

升上私立中學

在我十來歲時，父母和我面對的第二個重大決定，就是我該念哪一所高中。我們猜想附近的斯克蘭頓中央中學（Scranton Central High School）不太可能讓我發揮所長，但權衡諸多考量之下，這所位於市中心邊陲的學校是最方便的選項。就這樣，我和大部分畢業於詹姆士麥迪遜中學（James Madison School）與約翰奧杜邦（John Audubon）八年制小學的同學一樣，到斯克蘭頓中央中學註冊就讀。

開學後，我除了修習必修的大學預科課程，同時繼續參與相對而言較輕鬆的會堂青年團契及童軍團。但很快我就明白一件事，高中課程不但缺乏挑戰性，而且（以下我盡量刻意地小心用詞），有些科目我甚至懂得比老師多。（我內心還存有六年級和戴爾老師發生齟齬的陰影。）所以我開始考慮轉學。

我父母再次仰賴見多識廣之人的建議，逼我去念麻州安多弗（Andover）的菲利普斯中學（Phillips Academy）。當時和現在一樣，安多弗（該校常見的別稱）是首屈一指的中學，畢業生大多都進常春藤盟校。但我心裡想的是，我就是不想離家住校，不想和不認識、背景可能比我優越的許多人住在一起。

最後，我們折衷選了當地一所私立學校懷俄明中學（Wyoming Seminary），就位在附近的金士頓（Kingston），這麼一來，我只需週間住校，到了週末就能回家。毫無疑問地，懷俄明中學不是安多弗，不管在學校課程、學生組成結構、或校友成就上都截然不同。當天平的一端是熟悉但毫無挑戰的斯克蘭頓中央中學，另一端是對學業與社交要求都更嚴格、離家也更遠的菁英預備學校安多弗，懷俄明中學則代表一條明智的中間路線。這個選擇也讓我有機會在一個中型池塘裡，至少多當幾年比較大條的魚。

三十多年前，我回到懷俄明中學參加畢業二十五週年校友會。在那之前，我一直輕描淡寫高中生活對我的重要性，把重點都放在我在哈佛共幾十年的學生、研究員及教職員歲月。但是重回懷俄明校園的那幾個小時，就像法國文學家普魯斯特（Marcel Proust）品嘗的瑪德蓮蛋糕一般，為我喚醒了好多回憶。我這才逐漸了解，在許多方面，高中生活對我的一生造成深遠的影響。

我從小在斯克蘭頓長大，接觸的都是親人和鄰居。進入高中後，我開始遇到來自不同社區、背景各異的同學。我之前不太在意衣著、打扮、外表；現在我開始注意別人的穿著與整體風格。我逐漸發現異性的存在，也開始約會。

如果你翻閱我的高中畢冊，你或許會斷定我積極參與校園事務，加入許多學生組織，也在其中擔任領導人物。但如果你因此斷定我是校園風雲人物，這就大錯特錯了。我充其量只是幾個活躍分子之一。當時，我並不覺得自己出眾，相反的，我太在意自己是邊緣人、家境不富裕、一週住校五天。我的父母沒受過大學教育，而且講英文帶有鄉音。但是參加那次高中同學會，我才驚訝地知道，原來當時我在其他人心中占有極大分量，他們顯然因為我的優異成績而備受威脅。為此，我覺得很難過。

擔任校刊編輯

回頭來看，我在懷俄明中學的三年間，有兩個經驗可說翻轉了我的人生。

我入學不久，就參加校刊《意見領袖》（*Opinator*）的編輯選拔。過去我除了在小學製作過各種報刊之外，也加入過斯克蘭頓中央中學的校刊社。但懷俄明中學的《意見領袖》很不一樣，或許在當時的中學裡算是獨樹一幟。刊物發行採週刊制，內容囊括新聞、運動、社論、詩歌、小說，還有廣告與雕版印刷。從封面的插畫風格看起來，性質比較像是《紐約客》（*New Yorker*）雜誌，而非《紐約時報》（*New York Times*）。刊物編輯完全由學生一手包辦，學生也會拉廣告來募款，而我們幾個參與編輯的夥伴，花在刊物上的時間跟課業不相上下。

我一開始是記者，但很快就坐上編輯檯。我和朋友尤薛爾森（Barry Yoselson）一起，到高三時成了準共同編輯，高四時成為共同編輯。我在編校刊的過程中，學到如何進行新聞寫作及管理小型團隊；我和同學一起工作並監督（偶爾開除）他們；但我同時也在試驗自己的想法，同時精進自己的文學、編輯和行銷技巧。如今，翻閱著已經泛黃的數十期校刊，我很驚奇地發現，吸引著青少年時期的我的許多主題[2]，竟然也是數十年後我研究的主題。當時我撰寫過關於博雅教育、測驗、大學入學的文章，還針對柯南特

2 在我的部落格有詳盡敘述，見 https://www.therealworldofcollege.com/blog/the-child-as-father-to-the-man。

（James Conant）於一九五九年出版的《今日美國中學》（*The American High School*）寫過評論。

另一個對我人生影響甚鉅的經驗，出現在高四專題研討課上，授課教師是歷史學家貝特里（John Betterly）與文學研究學者萊特（Frank Light）。高四專題研討限定學業能力強的學生修習，因此人數很少，研討內容針對美國歷史和文學。這門課從閱讀書單就可看出不同之處，我們一同閱讀許多美國經典小說，例如：《哈克歷險記》（*Adventures of Huckleberry Finn*）、《紅字》（*The Scarlet Letter*）、《白鯨記》（*Moby-Dick*）、《美國的悲劇》（*An American Tragedy*）、《大亨小傳》（*The Great Gatsby*）、《憤怒的葡萄》（*The Grapes of Wrath*）等，也要了解當時的文學名家，不管有沒有讀過他們的作品。

對我來說，這門課之所以深具意義，在於我們不是從單一教科書進行學習，而是遍覽歷史分析之作，像是霍夫士達特的《美國政治傳統》（*The American Political Tradition*）、戈德曼（Eric Goldman）的《命運交會：美國近代改革史》（*Rendezvous with Destiny*）、帕靈頓（Vernon Parrington）的《美國思想的主流》（*Main Currents of American Thought*），以及詹姆森（J. Franklin Jameson）那令人肅然起敬的專著《作為社會運動的美國革命》（*The American Revolution Considered as a Social Movement*），我都仔細反覆地閱讀並畫記重點。每週我們都必須撰寫報告，針對歷史、文學或作綜合分析。

從課程大綱和設計來看，這門課程比較像是為美國文化相關科系所設計的大學部課程。值得一提的是，我最喜愛的不是那些陳述標準歷史事件（甲事件發生之後，然後發生了乙事件）之作，而是那些統合之作。我尤其景仰霍夫士達特融會貫通的分析能力，他總是有辦法駕馭非常複雜的主題。

以美國知名總統的生涯為例，霍夫士達特深入探討總統們受到哪些政治思潮的影響，成為在選戰中獲勝的基石和任內施政的準則，或者是因而損害他們最終留給世人的評價。在他的筆下，不論是人物或事件（像是林肯、大小羅斯福、南北戰爭），都能跳脫我過去在偉人傳記或中學課本中所讀到的扁平化敘述。他讓我第一次了解到，歷史人物並非銀幕上的英雄或壞蛋，而是活生生的血肉之軀；人的動機相當複雜，面臨選擇時會採取不同的應對方式，造就截然不同的結果。他也是第一個讓我了解到，原來作者可以有自己的「聲音」，提出屬於自己的觀點，必要時甚至可以直接和自己的老師或公認的領域專家據理力爭。

我相當享受這門課，表現得也很不錯，似乎已經為大學主修歷史做好準備。不過後來，我發現自己在這門課的極限，或者更確切地說，我對這門課投入的限度，詳情我會在下一章敘述。

兩位重要的人生領航者

除了我的老師和我閱讀時遇到的作者之外，還有另外兩個差異頗大的人，對於青少年時期的我有相當大的影響。一位是我叔叔弗里茨．加德納（Fred Gardner），大家都叫他弗里茨（Fritz）。他和我父母那代的人一樣，因希特勒崛起而喪失許多人生機會，因而沒能上大學。但弗里茨相當博學多聞，是我心目中真正的知識分子。他靠著自學，成了十八世紀英國文學史的專家，也蒐羅一整套價值水漲船高的初版童書[3]。不僅如此，他還駕駛自己的飛機，組裝（或說至少是重新組裝）自己的電腦，擁有高超的棋藝，非常愛狗，而且多年來在各地都有女朋友。

由於弗里茨自己沒有小孩，婚姻顯然也不幸福，因此將我視如己出，常和我天南地北的聊，給我無數建議（大部分我到現在都還記得，但並未全部採納）。他引領我進入書本和藝術的世界，帶我搭他的飛機去玩，甚至花時間讀我在《意見領袖》校刊上的文章，並寫下評論寄給我。最後（雖然我也是最近才明白這點），弗里茨是個渾然天成、天賦異稟的統合者，對什麼東西都有興趣，渴望弄清楚事物之間的關聯，但又不囿於特定學術領域的限制與束縛。

弗里茨一個不經意的舉動，最終對我的人生造成相當深遠的影響。我十幾歲時，他拿給我一本諾曼・穆恩（Norman Munn）的心理學課本。我猜想，當時他可能隱約覺得我對心理學相關主題很有興趣，即使當時的我對該學科一無所知。後來，幸虧有去了一趟史蒂文斯理工學院的經驗，我開始知道心理測驗是怎麼一回事，但我當時還不清楚已經有許多研究在探討人類心智如何運作。我記得多次翻閱這本心理學教科書時，特別著迷於書中提到的色盲測試。當然，我已經知道自己有色盲，也知道那是遺傳症狀；但我不知道色盲有不同的類型，於是著迷於色覺的運作理論，以及神祕的石原氏檢測背後的

3 有興趣的人可至費城自由圖書館（Free Library of Philadelphia）參觀弗里茨的收藏。

原理。

雖然我和弗里茨當時都沒料到，未來我真的會走上心理學這條路，但弗里茨就像是在我心中埋下一顆種子，引領我日後一路求學、研究，甚至未來還撰寫心理學教科書！

另外一個對我影響甚鉅的人是馬克·哈里斯（Mark Harris），他只比我大兩歲，我們算是同輩。哈里斯住在斯克蘭頓的另一頭，家世背景和我家是天壤之別。一九二〇年代末期，他母親就讀衛斯理學院（Wellesley College），他父親則念哈佛學院（Harvard College），是賓州東北區頂尖的律師。我還滿驚訝自己受邀參加哈里斯的成年禮；依照傳統，典禮後會有派對，我為了準備，還頭一遭去上了舞蹈課（有鑑於我的身體動覺智能不足，這幾堂課後來證實無用）。

依照哈里斯的資質，大概可以上任何一所中學，他卻選擇就讀懷俄明中學（也可能是他家裡決定的）。對我來說，哈里斯不僅是我的良師，也是益友，更是我的學習楷模——他當過《意見領袖》的編輯，而我也追隨他的腳步；我跟室友處不來時，他慷慨地讓我睡他房間的上鋪，直到我找到宿舍的單人房。哈里斯是凡事自動自發的人，我很欽佩他具有這樣的特質，也努力向他學習。更重要的是，哈里斯錄取哈佛學院，比我早兩年入學，也比我早兩年畢業。如果沒有哈里斯當我的榜樣，我很可能走上別條教育路線，人生就此發展出完全不同的方向。

無疑地，我很幸運能擁有這兩位人生導師與學習楷模。現在回想起來，或許當時他們也從我身上看見某些吸引他們的特質，師徒之間總是存在著一種微妙的相互連結。我很幸運身為一個二十世紀中期的白人男性，在人生各階段都能獲得人生導師的幫助。

朝向夢想前進

面對大學的關卡，即使當時競爭沒那麼激烈，「上大學」仍是賓州東北部想要出人頭地學子的努力目標。我在高二時考了PSAT*，還陸續做了一大堆美國大學委員會（College Board）的成就測驗與性向測驗，結果都很不錯。升高三的那個暑假，父親帶我造訪美國東北部幾所大學（當時的人很少搭飛機，所以造訪的大學限於開車可到的範

＊編注：指應試SAT前的預備考（Preliminary SAT）。

圍）。我小時候讀過一本經典漫畫，在充滿歷史感的封底上，畫著三名哈佛某屆的畢聯會代表——一位是天主教徒，一位是新教徒，一位是猶太教徒。身為一個總是意識到自身種族背景的人，這種開放的宗教態度讓我留下很好的印象。因此或許我沒說出口，但心裡一直夢想著要進入哈佛學院。

我先前多次提到自己對於外表不怎麼在意；天生色盲加上有限的視覺敏銳度，對於外表更是毫無幫助。因此，當我去哈佛面試時，總是竭盡所能地打點自己的衣著。許多年後，有位在哈佛任職的朋友偷看了我的申請入學檔案，她發現主考官記錄我當時的穿著——打著紅領帶，穿紅襪子。我猜在當時那個年代，這副打扮應該很顯眼吧（或許現在也是如此）。

至今，我仍記得申請入學口試的主考官名叫彼得·福斯特（Peter Frost），他看起來很有「富家子弟」氣質。幾年前，我在報上讀到一封投書，撰稿人是威廉士文理學院（Williams College）的教授彼得·福斯特。我決定寫信給他，看看他是否就是當年面試我的主考官。結果發現，他確實是當年哈佛學院的面試官，並在我的檔案裡記下了一筆「紅」。

現在是政治學榮譽退休教授的福斯特後來和我重聚，我們聊到此事及巧合時笑開懷。他說，他後來知道大學招生主要想招收運動員，不想招太多來自紐澤西的醫學預科學生後，就沒有再擔任面試申請學生的工作了。我有時候會想，自從六十年前我申請大學以來，申請入學這件事到底有沒有往更好的方向發展。

第三章　發掘長久興趣與迷人治學法

我敢打賭，當人們回憶起大一新鮮人的生活時，肯定會比其他三年的記憶鮮明許多。心理學家將這種現象稱為「**初始效應**」（primacy effect）。恰恰相反的情況則被稱為「**時近效應**」（recency effect）。就像我們記得大學生活的點點滴滴，有時卻記不太清楚昨天早上吃了什麼、昨晚跟家人的聊天內容、新朋友的姓名，或是剛剛才在新聞上看到的名人名字。

我本身深受初始效應的影響，尤其是只要看到一張老照片、提到一則甘迺迪／卡美洛時期（John F. Kennedy/Camelot era）的事件，我就會打開話匣子，滔滔不絕地談論一九六一年的哈佛學院。只見大家聽得哈欠連連，唯獨我神采飛揚，喔！說不定還有幾個同學也跟我一樣。

如今，當回顧我的大一生活之初，有兩個回憶格外清晰，足以表達我身為今日所謂

「第一代大學生」（first-gen）*在哈佛學院的經驗。

踏上學術傳奇之地

第一件事發生在正式開學前。迎新活動在寬闊的哈佛園（Harvard yard）舉辦。我和新同學顧爾德（David Gould）攀談起來[1]，並一同走上雄偉壯觀的懷德納圖書館（Widener Library）階梯。走了數十階之後，我們回頭望著數百名教職員生聚集的寬闊校地，心中不約而同萌生一個想法：「世界之門正為我們而敞開，我們將步向無限可能。」

這樣的抱負就像是把雙面刃——當你試圖爬得愈高，往往也可能跌得愈深（所幸我和顧爾德在未來幾年都避開了後者）。但對於像我們這樣出身卑微、又沒念過菁英私立高中的第一代大學生來說，即將在麻州劍橋度過的四年充滿著無限可能，我們能自由地

＊編注：意指家中父母沒有受過大學教育的大學生。

1 我很珍惜和顧爾德的友誼。一九八八年十二月，他搭乘泛美航空一〇三號班機，不幸在蘇格蘭洛克比（Lockerbie）上方爆炸而罹難。

修習想讀的課程，和知己好友去任何想去的地方，探索各式各樣的個人興趣。這一切是如此令人不知所措，卻又顯然通往一片美好前景。

身為被允許進入這片傳奇之地的新生，當我們置身其中並凝望著這座學術殿堂，無法不感到巨大的震懾與敬畏。愛默生樓（Emerson Hall）聳立在我們前方，這棟建築是以哲學家愛默生（Ralph Waldo Emerson）命名，他是美國歷史上第一位思想巨擘。就在不遠處，彷彿依然看得見愛默生的散文家朋友梭羅（Henry David Thoreau）、美國最傑出的哲學家詹姆士（William James）、二十世紀首屈一指的政治評論家李普曼（Walter Lippmann）的身影。除了這些白人男性外（他們依然在學院中占有主導地位），我們也知道在那個年代頂尖的黑人知識分子杜波伊斯（W. E. B. Dubois）、傑出外交官暨哈佛第一位黑人董事邦奇（Ralph J. Bunche）、又聾又盲的海倫・凱勒（Helen Keller，她進入拉德克利夫學院〔Radcliffe College〕，不久後與哈佛學院合併）都曾在此求學，並在著述和公共事務上有著傑出表現。

早在懷俄明中學修習高階專題課程時，我就已經對其中幾位有所認識。我和顧爾德盼望能效法這些卓爾不群的前輩，在他們的行列中找到一個屬於自己的位置。

第二個難忘的事件，則給了我一記當頭棒喝。不論社團、課外活動或同學再怎麼吸引我，我還是得修完該修的課。相較於大二以上的課程，大一的課程還算容易，我修了世界史通識課、音樂通識課、基礎生物學、基礎經濟學、必修寫作課，以及晚近才加入哈佛課程裡的大一專題研討。當時，專題研討課是由即時攝影的發明者寶麗來（Polaroid）公司的蘭德（Edwin Land）匿名贊助，以限額課程提供學生直接和學者進行主題研究的機會。

因為我對歷史很有興趣，所以選了「美國史專題」研討課，授課教師為卡茨（Stanley Katz）。這門課的選修學生不到十人，課程內容主要聚焦於兩個知名歷史事件的原始文獻，兩起事件都發生在麻州。第一起是一六九〇年代的「塞勒姆審巫案」（Salem witch trials），多名無助的年輕女性遭受指控、審判，有些甚至被處以絞刑。第二起事件是一九二〇年代的「薩柯與方澤堤案」（Sacco and Vanzetti），這兩位有無政府主義傾向的移民最後被判謀殺並處以死刑[2]。

專題研討的第一份報告要我們分析審巫案，我自信滿滿地寫了五頁。我會說「自信滿滿」，是因為我有仔細閱讀文獻，而且我的寫作能力是受到認可的，畢竟我高中編過校刊，而且哈佛大一必修的寫作課是依照能力分班，而我被分到進階班。正因如此，你可以想像當我拿回報告，看到卡茨教授在報告上從頭到尾寫下洋洋灑灑的眉批時有多麼錯愕。尤其，最命中要害的是他最後對報告的整體評語：「怎麼交一份草稿過來呢？」

卡茨教授給我的批評猶如一記警鐘。套用十八世紀偉大哲學家康德（Immanuel Kant）的話就是：「我突然從獨斷論的迷夢中警醒。」在此之前，我一直以為寫報告這項任務，就是閱讀、思考、然後寫下字斟句酌的摘要，或許在當中提出一兩個想法。一直以來，我的經驗法則就是八字箴言：「正確無誤，交差了事」。

但是，在仔細思考並和卡茨教授與其他同學談過之後，我發現現在必須著手進行更有野心、更艱難、更大膽的任務。吸收和反思是一定要的，但也要提出犀利的批評、有趣的問題，甚至是嶄新的觀點來思考那些議題。套用我們最近針對高等教育研究所創造出來的詞彙，我應該要展現「博雅教育資本」（liberal arts capital）；以撰寫報告來說，就是要研讀歷史文獻，試圖從我們所具有的知識與見解，試著釐清一切脈絡。也就是說，如果以我對歷史學家霍夫士達特其成就的理解來看，現在我應該要試著「發聲」，表達自己的看法。

統合的啟蒙

接下來，請容我用本書「統合心智」這個主題，總結上述過往相關經歷。自從我開始寫書評和課堂報告以來，一直很清楚想要寫一篇精彩的文章，應該統整已知和已讀內容，而不光是把學到的東西複述一遍，畢竟單純的**摘要**在高中時期就已經不足，遑論是在大學階段。然而，當時的我還沒想到應該視統合知識為基礎或跳板——將原本各自孤立的主題、想法與概念，以新的方式重新融合；甚至更進一步，想出一種全新的方式來描述這些議題。

近年來，我將「統合」視為一個漸進式的光譜。光譜的一端是「**傳統的統合**」（conventional synthesis）——只是將概念或想法以一種高度依賴常識和傳統智慧的方式結

2 兩起事件都和哈佛有關聯。清教徒牧師兼作家馬瑟（Cotton Mather）是塞勒姆其中一場審判的主持法官，他父親曾任哈佛校長；為了決定薩柯與方澤堤命運而成立的特別法庭，是由當時的哈佛校長羅威爾（Abbott Lawrence Lowell）主持；羅威爾贊成處以死刑，而公開反對他的弗蘭克福特（Felix Frankfurter）當時是哈佛法學院教授，後來擔任美國最高法院大法官。

合在一起。這是我在求學階段大量進行的工作，也是今日在編撰教科書或搜尋網路資料時會用到的方法。

現在的我，則要求自己走向光譜的另一端，那就是創造「**原創的統合**」（original synthesis）——這代表我已經閱讀並精熟現有資料（通常是文字，但也可能包含藝術作品），不僅能夠將這些材料羅織在一起，還能提出新的見解、對比與問題。這正是大學的精神所在！[3]

當然，獲得這樣的頓悟，就和其他林林總總的經驗一樣，事後回過頭來描述比進行任務時要來得簡單許多。當時看著卡茨教授在報告上批評的我，想必是既惱怒又徬徨。真希望我仍留有後續修改的報告當作證明，還有我在編輯《意見領袖》時期的思考和筆記，以及拿到博士學位後還留著筆記與草稿。可惜，這些資料都不可能找到了。我跟多數的舊物囤積狂一樣，把求學時期所有的報告都收著，堆在斯克蘭頓老家的車庫裡。但有一兩次，我父親問我要怎麼處理那些文件，我猜我當時大概沒理他。於是某個假期，當我回到斯克蘭頓，注意到那幾十箱我的年少之作已不在車庫裡。當我問起箱子放到哪裡去，才得知早已被父親清掉的壞消息。在我的逼問下，父親才說：「我以為你不要了，而且我需要空間放別的東西。」

在本書第一章我曾說過，我給我父母打滿分。但我沒料到自己的東西會被丟掉，並為此很生氣，但我對父親最糟的批評也僅止於此，因此也沒必要給我父親扣分。我知道自己要負部分責任，因為我從未向父親說明，**為什麼**我認為在學校寫的報告值得保存（而且前提是真的有保存的價值）。如今，當我寫這本回憶錄時，發現取材自我受高等教育時期的材料比我預期得還要少，不過，也幸虧我父親「放火燒掉我的虛榮心」，讓未來的傳記作者（不太可能有啦）不用閱讀那些馬虎打字的老舊文件，不用搬動陳年紙箱而把手弄髒，不用瞇著眼辨識那些由認真挑剔的老師給出墨跡已淡的評語。還好，《意見領袖》校刊和高四專題研討的四份報告都還在，不過比起我在高中四年、大學四年、研究所五年所撰寫的報告（包括各種對於「統合」的初步想法），數量是小巫見大巫。

既然缺乏書面檔案，那麼就得靠其他事物佐證。我在哈佛學院的第一年學業表現

3 我得補充一下，大一新鮮人其實不太可能提出完全原創的想法，畢竟這兩個事件的研究者很多；但至少學生要能進行分析，而且內容或形式要跳脫常態、避免了無新意。

優異，獲得「德圖爾書卷獎」（Detur Prize），校方會在我選擇的任何一本書籍封面上，蓋上一枚清楚的哈佛校徽燙金印章。回想起來，我當時選的書還真是出人意料（講難聽一點就是怪異），但也看得出我的想法。我選了《美國文學史》（*Literary History of the United States*），那是由四位重量級文學學者共同編纂、價格不菲的大部頭專業書籍，內容涵蓋二十世紀中葉前所有重要的美國作家。

我當時會選擇這本書，是因為我在懷俄明中學修過專題研討，並考量到在哈佛的學術志向；這本書是一部文學史集大成之作，而且所費不貲，當時的我根本買不起。我還考慮到能將它擺在案頭，以便時常查閱，就像我小時候把百科全書擺在床側。直到今天，我都維持著把《牛津英語辭典》放在書桌前的習慣。也許我也希望培養自己成為當時的文學名家威爾森；或者我認為別人看到我選這部書，會覺得我「很有學問」。

無論如何，如今回顧起來，我實在對這個選擇捏一把冷汗，因為這個選擇很沒有個人特色、有點僵化而且缺乏創意。為什麼不選法文的普魯斯特作品，或是米開朗基羅的畫冊，抑是橫跨數學和煉金術的牛頓文集呢？但或許這也反映出我對事物的看法——我想要獲得符合個人興趣的大量資訊；我也不在乎別人的眼光。

立志成為更好的自己

接下來，請容我正式介紹威爾森。他生於一八九五年，就讀希爾中學（Hill School，一所歷史悠久的頂尖菁英高中）和普林斯頓大學，後來成為美國最知名的作家。威爾森主要為報章雜誌撰稿，他沒有獲得碩博士學位，從未擔任過重要教職。身為特約撰稿人的他，擅長以簡潔明白、饒富洞見的個人風格處理各種題材，從象徵主義文學的源起、蘇聯建國的歷史，到俄羅斯經典名著的翻譯品質，各式議題五花八門。他一生的著作至少有三十本，文章高達千篇以上。

我對威爾森的所有作品都很感興趣，因為他實在是個非常優秀的作家（現在看來，他的確稱得上是優秀作家的代表）。威爾森能夠帶領讀者快速走進原本一無所知的領域，甚至開始有能力去談論相關話題，例如他透過《阿克瑟爾的城堡》（*Axel's Castle*）一書，帶領讀者一窺法文與英文的象徵主義寫作世界。即使是那些讀者已經十分熟悉的主題，他也有辦法從全新的視角讓人大開眼界，正如他在《往芬蘭車站》（*To the Finland Station*）一書中，將蘇聯的誕生明確溯源至十九世紀初期的法國學術著作。

受到威爾森的影響，我開始立志成為有能力駕馭各種不同主題的作家，並以聰明的外行人都能理解的方式作呈現。當時的我渾然未覺於這樣的抱負，將與日後我所接受的大學分科專業訓練長期處於緊張狀態，那種情況就像是事實與資訊開始匯聚——聚集在歷史之道、傳記之道、文學之道上，但這些學科道路之間的界線卻十分模糊。依照我的個性，我倒希望就保持這樣，與其把自己局限在歷史領域中打轉，我更希望能夠自由地借鑒各種不同領域的觀點。

因為我大一的表現可圈可點，我有機會去爭取另一個獎——溫德獎（Jacob Wendell Prize）。要角逐這個獎，必須經過委員會的面試。和幾年前申請哈佛時一樣，我努力打理門面，不過大概不能再穿著讓面試官記錄下來、足以傳世的丟臉紅領帶和紅襪子了。我已經記不清楚當時的面試過程，但清楚記得最後贏得獎學金的同學。我一見到高登（David Gordon），就知道為什麼是他雀屏中選（以及為什麼不是我）。高登和我的好友顧爾德名字都叫大衛，但兩人的背景卻是如此截然不同。高登來自家裡出了三位知名經濟學家的書香世家，之前念的是菁英私立高中，而且看來他早就已經為羅德獎學金（Rhodes scholarship）面試做好萬全準備。

因為這個經驗，我很快就得出一個心得——就算我的報告寫得再好，我還是不知道如何在各種享有盛譽的重大面試中角逐獎項並展現自己。將統合過的所思、所想形諸文字（不管是懷俄明中學或哈佛學院風格），和在高壓情境下站著以口語表達我的統合思想，是兩種截然不同的事。我這才明白，除了擅長寫作，我還得學習能言善道，以應付各種不同的情境與挑戰。

長久以來，我始終認為人可以透過學習自我精進，我一直是個擁有所謂「成長心態」（growth mindset）的人，所以當時，我立刻下定決心選修演說與修辭課。我想要練就「權威口吻」，以前的我認為自己不需要這種能力，但為了實現我的專業抱負（至於是哪一種專業，那時根本毫無頭緒），我相信這種鍛鍊一定能派上用場。然而當我去上課時卻訝異地發現，來修課的學生都是英語非母語者，他們想藉由這堂課練習口說英語。這門課顯然不是為重大獎學金落選者開設的。於是我退選這門課，卻與授課教師弗奇（Ellsworth Fersch）結為朋友，他是劍橋裡有趣的一號人物，值得花一本書來寫，不過很不巧不是這一本。

容我再像普魯斯特一樣追憶過去。某次家庭聚會，我孫子奧斯卡起身致詞，當時他十三歲。那一瞬間，我想起我十三歲的事情。某天，我父親給了我一本關於演講的書，他在扉頁上寫著：「我這一輩子都後悔自己不善於演說。希望這本書能幫助你講得更好。」

耀眼的冉冉明星

如何將我大學四年的學習生活、同儕交流與師生互動做個總結？或甚至用一句話來形容？我想應該是——我的興趣出現了變化。

在大一歷史課上，我讀到甫出版且獲獎無數的《青年路德》（*Young Man Luther*），令我大開眼界。這本由心理分析學者艾瑞克森撰寫的新教創始人傳記，在**心理史學**上開創新猷，艾瑞克森根據馬丁・路德（Martin Luther）個人的心理發展，企圖以學術方式解釋和他相關的核心想法、概念與傳播媒介，是一部充滿野心又大膽的學術著作[4]。當時教授這堂歷史課的惠特（Ron Witt）注意到我對艾瑞克森研究的興趣，於是建議我進一步探索心理分析與心理學。這兩個詞彙我不陌生，因為我曾在弗里茨給的心理學課本讀過，我也在那本圖文並茂的書裡知道色盲的種種知識（見第二章）。

然而，歷史終究是我熟悉且最喜歡的科目，所以最後我還是決定主修歷史。我修了大二歷史研討課（以小型研討會方式進行，主修生必須閱讀史學研究文獻並參與討論），滿心期待這門課會和卡茨教授的「美國史專題」一樣有趣。不幸的是，這門課的指定閱讀書目引不起我的共鳴，授課教師也不是卡茨教授。我們當時讀的文獻既不是歷史學，也不是心理史學，而是史料編纂學，也就是看知名歷史學家談他們如何整理史料和編纂歷史。

事後想想，現在的我已然明白為何老師當時要我們讀那些作品，如果是多年後我對研究方法產生濃厚興趣的階段，我多半會欣然閱讀並獲益良多。但對當時的我來說，我只覺得那些東西做作、愚蠢又晦澀難解，分明是為學術小圈圈裡那些「後設認知」強大的老頭而寫。同時，這也意味著我很可能打消念歷史研究所的念頭，轉向心理學研究的領域（不過這又是另一個故事了，我們留待下一章再談）。

---

4 你相信嗎？很多關於路德的事件和掙扎，艾瑞克森是在馬桶上想出來的！

於是，我不再期待上研討課，或者借用一個心理學詞彙來形容，我開始深受「迴避」的折磨。不過我相當喜愛另一門歷史課「美國社會歷史概述」，授課教師是漢德林（Oscar Handlin）。漢德林出生於布魯克林，該領域可說是由博學的他所創生的。當然，我也喜歡沉浸在艾瑞克森及心理史學的種種歷險，所以，我後來選擇主修「社會關係」（Social Relations）這個相對來說比較新的領域。

老實說，這個主修通常是學生運動員（我們都叫他們「體育咖」）在選的，因為聽起來似乎比物理、語言等要求嚴格的學門容易許多。但當我愈是深入了解Soc Rel（社會關係的縮寫，發音為「sock rell」），我愈是深深地愛上它。當然，沒有人會把我當作「體育咖」，畢竟我的身體動覺能力從小就普普通通。總之，我更換了主修，修習兩門社會關係入門課，也選了社會關係的導師輔導課。在課程中，我們閱讀社會關係的源頭理論，像是馬克思（Karl Marx）的共產理論、韋伯（Max Weber）的資本主義，涂爾幹（Émile Durkheim）的社會組織，對我來說，全都是豐富又有趣的思想，與歷史系那種充斥著方法論和後設研究的學科特性有著天壤之別。

在社會關係系中，我就像是顆耀眼的冉冉明星（若待在歷史或其他領域，能否有此表現，則實屬未知）。以下有兩個證據，可以證明我可不是憑空往自己臉上貼金。

其一，大二快結束時，大學部主任葛叟（George Goethals）告訴我，我可以自由規劃往後兩年的課程。我很懷疑其他科系學生也能獲得這樣的機會，無論他們的實力有多強。

第二個證據則與當時甫受聘為哈佛教授的艾瑞克森有關。智識傑出、英俊瀟灑、充滿魅力又待人和藹可親的艾瑞克森，預計將開設大三專題研討課，承諾帶大家一窺自己的「認同危機」（identity crises），消息一出，便吸引數十位學生申請修課。

葛叟為人素來公平，不過並非盲目追求公平。他宣布將抽籤選出修課學生，但當我踏進研討室見到其他十一位同學時，就知道艾瑞克森專題研討班的成員都是精心挑選的，而且多半是由葛叟親自選的。就算不在社會關係系，這些同學也會是各科系最傑出的學生；從整個哈佛學院來看，我們依然算是頂尖人物。葛叟顯然希望艾瑞克森對哈佛學生有個好印象，所以在成員挑選上完全不希望錯失良機。

社會關係系的成立

「社會關係」到底是怎樣的專業領域？每當想到這個名稱不盡理想的科系，我的腦海總會浮現一匹學術駱駝——馱負著人類的重擔，在無盡荒漠中踽踽而行。該系所於二戰結束之後（一九四六年），由當時幾位知名的哈佛社會科學領域研究者協力合作下而成立。主導這個刻意採跨學科系所成立的學者，包括：社會學者帕森斯（Talcott Parsons）、心理學者阿爾波特（Gordon Allport）、人類學者克魯孔（Clyde Kluckhohn）；他們心中對於理想的研究和教學的願景，必須同時包含上述三個學門。

即使名字選得不好，又有著如變色龍般的出身，社會關係系的創設概念和課程規劃卻很好，而且顯得重要。人類學（從生物、文化等諸多面向研究史前以至當代的人類，尤其是世界各地所展現的不同文化）、社會學（研究群體、組織與社會）和心理學（研究個人行為、性格、動機與認知）之間的界線原本就很模糊，硬要將三者劃分開來，不僅相當不自然，也缺乏足夠的說服力。

現在看來，這個系正是為所有具有統合心智的人量身訂做的，尤其是對於人的境況或天性（雖然這些詞彙有些做作）有興趣的人。一方面，社會關係系刻意結合許多學科——心理學、社會學、人類學、部分政治學與經濟學——並邀請實踐者從中汲取見解並建立觀點。另一方面，雖然社會關係系確實也依賴統計與實驗方法，但比起單一且刻意簡化現象的累積研究（像是人類學家鍾愛以史前社會的親屬體系為研究主題，或是心理學家經常以記憶無意義音節為研究主題），社會關係系更偏好主題分析（thematic analysis）與描述重大現象，並在這一點上給予很大的空間。

社會關係系不只產出學者的學術論文和許多針對單一現象的實證研究，也孕育出許多書籍與振筆疾書的作者；雖然這些作者的文筆並沒有像威爾森一般優美，也鮮少有人能和霍夫士達特匹敵（他們是我當年寫作的偶像，直至今日亦然），但仍然努力地為大眾讀者而寫。該系的學者不是大型實驗室裡操作配備昂貴儀器的科學家，但也不是文學學者，更不是藝術家。他們相信自己致力於開創新的科學，或者說是一套互為關聯的嶄新學門。

然而，社會關係系成立的背後，還有兩個不是那麼崇高的動機。第一個動機帶有一些機會主義色彩。當時美國民間基金會乃至聯邦政府，都對有關人性的科學研究充滿興趣。二次大戰發生的政治宣傳、洗腦等事件令社會上下記憶猶新，傳播理論更是方興未艾，自然願意對相關研究投入更多資源；對創系教授們來說，這意味著大好良機，能夠爭取可觀的研究經費。事實上，正如社會學家尼比斯特（Robert Nisbet）在《學術理念的墮落》（*The Degradation of the Academic Dogma*）中所提出的尖銳批判，大規模經費補助已經讓大學的權力與責任產生根本性的變化。

這讓我和許多人陷入嚴重的心理矛盾，不斷思考教育者的職責是引領學生洞見學術上的真理，還是致力於撰寫與發表研究計畫？我們應該讓學者為兼顧教學與研究而疲於奔命，還是像其他許多國家那樣，視教學與研究為兩個不同的體系？幾十年來，我一直在這樣的難題間不斷拉扯與糾結。

另一個創系動機，則具有相當程度的反動性質。每個學科都會有兩種不同研究取向的學者，一種是講求實證的量化主義者（現代心理學之父詹姆斯〔William James〕稱之為「硬心腸」〔tough minded〕），一種是講究詮釋、較不執著於數學模型的質性主義者（詹姆斯稱之為「軟心腸」〔tender minded〕）。這群被社會關係系吸引的人，普遍希望將自己與數理社會學家、社會心理學家、體質人類學家區分開來，有段時間他們確實做得非常成功。

某種程度上，對那些心繫廣泛性課題且不畏懼處理複雜現象的學者來說，社會關係系成為他們避難與棲身之所。這個科系的命運與它獨特的學科取向有關，如果說未來的人類學家關注各學科教師的部落性格、社會學家關注各學科的組織編制、心理學家關注各學術新星的個人動機，那麼社會關係系培養的人才，則會試圖統合上述三種研究取向的成果。

信守創系的初衷與使命

一九七二年，就在社會關係系成立四分之一世紀之際，哈佛高層決定予以裁撤，那些過去長期支持（或至少不反對）、對人性進行跨學科領域研究的機構也紛紛投下贊成票。這並非一個輕率而為的決定，尤其是涉及到一群過度自我膨脹的心靈。

在當時的情況下，創系者和主要贊助者皆已退休，而且他們沒有培養夠優秀或夠分量的繼任者，更重要的是，當初整合新興社會學科的承諾並未兌現。事實上，正如當初主要贊助者卡內基基金會（Carnegie Corporation）總裁多拉德（Charles Dollard）一針見血的事後檢討：「過早企圖對社會科學領域進行大規模統整或整合，結果卻浪費了大把時間。」[5]

社會關係系之所以逐漸式微，亦有其內部原因。系上教授出身於不同學術領域，對各自所受的學科訓練有著強烈忠誠度。這樣的現象不只是發生在哈佛，耶魯和芝加哥大學最終都回歸二**次大戰前各方勢力狀態**——心理學、社會學、人類學各自獨立成系。這些在戰後科系統整壓力下結合在一起的科系，都獲得重生並延續至今。在每個重生的科系中，人們可以清楚辨識哪些人傾向採取無懈可擊的單一研究方法，探討那些易於處理的課題；哪些人則是大膽採用任何可能說得通的研究方法，以闡明更廣泛、更複雜的課題為職志。

我之所以要介紹這段學術沿革，是因為我至今依舊堅信社會關係系所承諾的那個使命。許多在社會關係系鼎盛時期培育出的知名校友也是如此，無論是出身哈佛的史威德（Rick Shweder）、費希爾（Claude Fischer）、戴蒙（William Damon）；出身芝加哥大學的契克森米哈伊（Mihaly Csikszentmihalyi）；或者是不幸已逝的貝拉（Robert Bellah）、紀爾茲（Clifford Geertz）、史美舍（Neil Smelser）等人。即便如今我們都垂垂老矣，但仍擁有共同的信念。

比起當時許多同儕以及絕大多數的後輩，我們這代學者更傾向於處理重大議題的挑戰，並更善於借鑒多種學科的概念及研究工具。在這個學科各行其道（免不了以管窺天）的時代中，我們期許自己保有統整與統合的恢弘視野。有趣的是，即使有些人私下喜愛或甚至佩服我們的研究，但基於維持學術界的紀律，也都不願意在其他趨於保守的學術人士面前為我們發聲辯護。

為世界提出待解問題

我在社會關係系所學習的一切，成為日後進行研究的知識基礎。舉個最近的例子來

5 引自Roger Geiger, *American Higher Education after World War II* (Princeton, NJ: Princeton University Press, 2019), 99。

說吧。二十一世紀之初，戴維斯（Katie Davis）和我針對年輕人如何使用新的數位媒體進行研究。我們仔細觀察許多青少年，訪談數十位至少二十年年資的教育工作者，同時調查其他人的看法，這些人從戶外營隊負責人到心理分析師都有。最後，我們把這些不同的想法集結成《破解APP世代》一書（*The App Generation*），並詳述今日的年輕人「APP世代」如何處理自我認同與親密關係、如何發揮創造力和想像力。

對於不知情的讀者來說，這本書看似一個標準的社會綜合研究。但事實上，這個研究是建立在社會關係系兩位老師的研究上，他們的研究為我帶來深刻的啟發。我們認為，要給這個世代下定義之前，必須先把今日的年輕人和昔日世代相比。這個研究架構的重要依據之一，是來自於社會學家黎士曼的觀點，他在《寂寞的群眾》（*The Lonely Crowd: A Study of the Changing American Character*）一書中，認為十八世紀的殖民地居民是「傳統導向」（traditional-directed），十九世紀的美國人是「內在導向」（inner-directed），而二十世紀的美國公民是「他人導向」（other-directed）。戴維斯和我則主張，最能妥切描述本世紀年輕人的詞，就是「APP導向」了，因為他們深受（或許在不知不覺間）可取得的應用程式及其功能的影響。

若說黎士曼提供我們社會學的視角，那麼我的導師艾瑞克森則提供了心理學的視角。艾瑞克森闡述人生歷程中所面臨的一系列衝突，每組衝突都反映了人生不同階段的特徵。例如人在青春期時，會經歷自我認同和角色混亂的衝突；成年期時，會經歷友愛親密和孤僻疏離的衝突；步入中年期後，則轉而能熱愛家庭、關懷社會，或是較為不幸的陷於頹廢停滯之中。我們應用艾瑞克森所提出的理論與方法，來解釋他當時根本難以想像的時下青年世代。

我相信這樣的研究是嚴謹的。過去七十年來，很多人從黎士曼和艾瑞克森兩位學者所做的研究中獲益良多（包括那些沒讀過他們著作的人）。但誠如我在本書中最後所言，我認為把這樣的努力稱為**社會科學**是個錯誤，甚至是狂妄自大。當然，我們盡可能用科學的方法做研究，也渴望能有科學的地位。（前哈佛校長薩默斯（Lawrence Summers）曾諷刺說：「自稱科學的都不是科學。」）但是，我們所做的不是學物理或化學的那種科學，也不是數學。雖然如此，我們的發現與論述仍有可能**改變未來的事**。正如我常說的，身為學者，是有能力、也確實能「改變人們對話的方式」。

令人回味無窮的大學生活

我愛大學生活。我可以修想修的課、結交知心好友、享受社交生活，而且我發現自己有個特殊天分，就是比同學更容易跟教授打好關係。我旁聽各種領域的大量課程，可惜修課沒有被納入金氏世界紀錄，否則我肯定名列前茅。我還和朋友組成讀書會，一起討論專業術語，統整課程內容。求知若渴是我的特色（或者說是種天賦，因為我很小就如此），這點讓我在大學中如虎添翼。

那課外活動呢？我早在懷俄明中學時就參與過編輯工作了，因此大一時，我選擇不去爭取《哈佛緋紅報》（*Harvard Crimson*）的工作機會；在當時，編過學校刊物很可能獲得知名報章雜誌的實習機會。做出這個決定也許有欠考量，但我覺得自己在高中時期已經有過編輯經驗，實在沒必要再做重複的事。不過，我倒是加入了「緋紅鑰匙社」（Crimson Key Society），該社提供哈佛校園導覽，直到今天仍是如此。

我不知道當時為什麼要加入這個社團，就像我不知道為什麼會挑選《美國文學史》作為我的德圖爾書卷獎禮物。老實說，對於當年那個年輕的小華（Howie，我大學時的小名，之後就完全沒人這樣叫了）所做的許多決定，我可是大皺眉頭。不過，我猜想部分原因是我以身為哈佛人為榮，此外，校園導覽還可以讓我賺點暑假外快。但或許還有一個隱性的原因是，我認為自己有需要鍛鍊社交技巧（至少在拿到溫德獎之前）。對我來說，加入「緋紅鑰匙社」雖然沒能獲得什麼很大的啟發，但是很好玩，我除了和社團成員互動，還帶了數十個、或許甚至數百個團體導覽。我多半是用倒著走帶他們逛完校園的，不知不覺間，這個經驗也為我奠定了之後數十年，對著數百、甚至數千名學生及世界各地聽眾演講和回答問題的基礎。

是的，大學生活樂趣無窮！我真希望我能一輩子留在大學。當然，就某種意義上，我確實是繼續留在大學了。不過，我發現這麼想的人並不多。不管是在我或我太太溫納（Ellen Winner）的大學同學會（她念拉德克利夫學院，幾年之後和哈佛合併），我都驚訝同時很難過地聽到，許多同學其實在大學四年過得並**不好**，尤其是女性、少數族群和非異性戀者。我衷心希望未來有多一點畢業生能擁有美好的大學回憶。

但四年畢竟就是四年，我知道最終我得面對現實，或至少決定「下一步」。當時的我不是很清楚我（或別人）對自己的期待。記得參加畢業五十週年同學會時，我才從同學喬多羅（Nancy Chodorow，知名心理治療師）的口中知道那些期待是什麼。當時，她大聲地對我說：「小華，你不知道嗎？一直以來，哈佛代表著一件事：**成功！**」不過就算我真的什麼都不清楚，至少我清楚知道（至少在我的艾瑞克森式潛意識裡）我的家人、朋友、老師、導師……這麼多人為小華付出了那麼多，不管如何，小華未來最好要功成名就。

徬徨的生涯路

有個老笑話是這樣的，有人問一個猶太律師：「為什麼你會當律師呢？」猶太律師答道：「因為我從小就怕看到血，沒辦法當醫師啊！」事實上，直到我念大三時，確實只考慮法律和醫學兩條路。

醫學方面，我修過生物和化學，也在奧本山醫院（Mount Auburn Hospital）急診室工作過一陣子。大三結束那年暑假，我甚至和史丹福醫學院負責招生的主任見面。但醫療工作其實並不吸引我。至於法律，我修過法學教授弗洛因（Paul Freund）的熱門課程

「法律的運作過程」。我在那門課表現得不錯，因此弗洛因教授建議我去念法學院。我可以想像自己成為一名律師，甚至覺得自己似乎有律師「頭腦」。但當時，我沒興趣為可能犯罪的客戶辯護，也不想幫有錢人變得更有錢（現在仍是如此）；而「公共利益法規」（public interest law）尚未成為我的關注焦點，畢竟這個詞彙根本還沒出現。

當時，我想告訴自己，也想告訴我父母和親朋好友，我**有能力**當個標準的猶太專業人士。但是隨著我全心投入社會關係系，我愈是想走學術路線，就像我那些專心致志於學術的導師、令人景仰的教授一樣的教書、做研究、發表論文。某次，我不經意看到艾瑞克森教授為我寫的推薦函，他言簡意賅地描述我是「研究導向」。但是未來到底要走哪個領域，我還是不太確定。

我大四的論文研究，或許稍微可以看出我未來的走向。我很幸運能有艾瑞克森教授擔任我的導師兩年，我也說服著名社會學者提利（Charles Tilly）擔任我的共同導師。在他們兩位的指導下，我完成了一篇典型的社會關係研究論文。我從大三結束那年暑假開始，研究一個嶄新的美國獨特現象：退休社區。每天我都去加州的瓦卡維爾（Vacaville），拜訪剛開幕不久的「安居村」（Leisure Village），那裡只限六十歲以上的銀髮族入住。於是我住在德懷特路（Dwight Way）上，和一名工程所研究生分租公寓。最後，我將論文題目命名為〈高齡理想國：退休社區的身分認同與統整〉（*Gerontopia: Identity and Integrity in a Retirement Community*），發表後獲得不錯的評價。

這篇論文是理想且成熟的統合之作，不僅記錄我的所見所聞（反映我的寫作專長），更運用「認同」、「統整」、「社區」等當時熱門的學術概念進行深入分析討論（反映我的學術專長）。最終得出的結論是——每個利害關係人各自懷有自己對退休生活的夢想，而這些夢想往往相互衝突。換句話說，也就是他們的看法彼此「錯位」（misaligned）。

舉例來說，社區住戶對於游泳池該不該開放給住戶的孫子女使用，就形成意見截然二分的兩派。從我的論文，十足可看出「社會關係」是個跨學科的領域，整合了心理學、社會學與人類學的概念與觀點。不管當時的我是否察覺，顯然我的思維正一步步往社會關係的研究邁進。雖然幾位朋友和老師鼓勵我將這份研究發揚光大、甚至寫成暢銷書，但一旦將論文交出去評分後，我就不想再為它多做些什麼了。

柳暗花明又一村

人生有時候得繞點遠路。在我確定未來的研究所方向之前便是如此，然而雖然繞了點路，卻是意義重大，甚至改變了我的人生。

我繞的第一條遠路，是獲得了一份獎學金，可以在當時的學術重鎮大英國協（British Commonwealth）任何一處待上一整年。我和許多大學同學一樣選擇去倫敦，一整年盡情閱讀、寫作和思考，並好好善用一九六〇年代中期相當豐富的文化資源。那一年裡我看的戲劇、聽的音樂會、參觀的藝術展覽，大概比之後十年加起來還多。蓋爾勒（Ernest Gellner）是我在倫敦政經學院（the London School of Economics）很棒的導師，他自稱是社會人類學家與哲學家，這個稱號很容易被誤認為是典型的社會關係系教師。我也抽空遊覽歐洲，還去了蘇聯，套用法國人類學者布迪厄（Pierre Bourdieu）的話，當時的我累積了為數可觀的社會和文化資本——說不定哪一天角逐溫德獎時很有勝算！

但我還是需要在這一年結束後決定自己要做什麼。過去我在艾瑞克森教授的羽翼下學習成長，我很佩服他的臨床能力，但又不希望走醫學院這條路（艾瑞克森自己甚至沒上大學）。雖然我申請了臨床心理學的博士班，那是通往心理分析臨床實務的方便路徑，但是我的心並不在此。所以，當第二個機會出現時，我很快就捨棄原定計畫，絲毫沒有後悔。然而我的選擇卻讓那些支持我追求臨床心理學興趣的人大失所望，即使五十多年後的今天，我還是懷有一絲罪惡感，因為我不希望辜負他人對自己的期待。

第二個機會說來神奇。那時，我打算前往密西根安娜堡（Ann Arbor）去看當地大學的研究所，沒想到，半路上搭了便車，就此踏上一段命運轉折的旅程。我從讓我搭便車的駕駛那裡得知，著名哈佛心理學教授布魯納正在徵聘研究助理，準備進行一項名為「人類研究計畫」（Man: A Course of Study，簡稱ＭＡＣＯＳ）的教育研究，該計畫以小學中年級學童為對象，引領學童進入心理學及其他社會科學的跨領域世界。對我來說，那簡直就是國小版的社會關係系！

我聽從那位駕駛的建議，前去拜訪布魯納教授。布魯納教授以一種導演對參與電影試鏡小配角說話的態度跟我談了幾分鐘，然後說：「去跟凱森（Annette Kaysen，他得力助手）洽詢細節。兩週後，我們在紐頓（Newton）的安德伍德小學（Underwood School）見。」於是，我的臨床心理學家之路就此畫上句點。

雖然心理學是社會關係系三大領域之一，但我當時從來沒有上過心理系認可的那種心理學課程。我修的是艾瑞克森學派的心理分析，這或許適合那些想成為精神病學家或臨床心理學家的人，但對想成為實驗心理學家的人來說，肯定有所不足。布魯納具備社會心理學和生理心理學背景，因此跟社會關係系及心理系都有緊密連結。更重要的是，他是認知心理學的創始者之一，這個新興領域主要是在研究人類的大腦如何推理，無論是腦部正常運作或是因故遭受損傷時。二十年後，我也寫了一本書來介紹廣義認知科學最初的發展歷史，書名叫做《心智新科學》（*The Mind's New Science*）。

參與布魯納的團隊計畫

在人生的十字路口偏離正途，轉而研究小學生的認知與心理，簡直可以作為我大學四年經歷的完美終章。我原本就熱愛學習「認知」，特別是關於認知發展的觀察與實證研究。兒童心智會隨著不同的發展階段而改變，但同時也會隨著他們進行遊戲與專注探索的活動而出現意外的變化，不管這些活動是正式或非正式的。當時，我幾乎沒聽說過皮亞傑（Jean Piaget），但他對自家三個小孩的觀察，或是以跨時性研究探索孩子如何發展邏輯思考、社會思考、道德思考的大規模實驗性研究，都令我深深著迷。我早就想進行類似這樣的研究。我曾經是鷹級童軍，偶爾也教授孩子鋼琴，我總是喜歡和孩子互動，也試圖了解他們行為背後的原因。

在布魯納的策劃下，這個暑假進行的研究並非是「給國小學童的一般學校課程」。在充裕的經費支持下，我和同事全力投入這個計畫，不過期限很緊。課程的三個引導問題至今我仍「戴在額上為經文」（frontlets between my eyes）*，分別是：人何以為人？人如何發展成目前樣貌？如何讓人更有人性？現在想想，這些都是典型的統合問題。要處理這些問題，你必須接納不同學科及知識來源的內容，也必須願意樂在其中，並以堅定的態度統整這些內容，讓參與其中的人，不管對象是教授、中學教師，還是才剛從大學畢業的學生，或者幸運一點的話，連麻州紐頓上暑期課程的十歲小孩都能清楚理解。這是統合心智的日常練習！

身為才剛成軍的「教學研究團隊」（Instructional Research Group，簡稱ＩＲＧ）成員，我的任務是協助設計每日課程，觀察課程如何適用（或不適用）於小五生，然後修改當天的課程，並規劃隔天的課程。我喜歡這份工作，也挺得心應手。其餘IRG的六、七位成員每天都忙著統整內容、觀察教學成效，決定如何調整接下來的教學內容，大家雖然忙碌，卻甘之如飴。當時我還沒聽過麥肯錫（McKinsey）那類的管理顧問公司，但我猜想「人類研究計畫」扮演的角色，某部分類似像是一個專業的教育顧問，透過實地訪視，基於教師的需求做系統性的課程規劃，來協助現場的老師與學生。

讓我印象極為深刻的是布魯納教授做事的方法。在他帶領的團隊裡，沒有上下之分，只有就事論事。他看重的是個人想法的品質，還有提出並辯護自己想法的能力，當然，還必須具有修改想法，甚至是收回想法的彈性。

每天中午，從可敬的教授與專家、授課教師，到小小的研究助理，全部的人都一起聚在安德伍德小學的地下室用餐，餐點是由兩位高中生的父母用小貨車載來的。晚上，我們時常會受邀到傑瑞和他太太布蘭琪位於弗倫街（Follen Street）的家共進晚餐，他家距離哈佛廣場（Harvard Square）不遠。我們和當代頂尖的思想家與執業者聊天交際，一

＊譯注：出自《聖經．申命記》6：8。

樣沒有尊卑之分。不知不覺間，我學到如何領導研究團隊的知識，或許夠幸運的話，還能啟發研究團隊。我甚至還模仿布魯納這位魅力四射、富有創業精神的學者其服裝風格與某些習性，這點我最近才意識到。

如今，當我再度回顧一九六五年的夏天，這個意料之外的經歷確實影響了我的人生與志向。暑假才開始時，一個剛畢業、對於未來要往臨床心理學發展一點都提不起勁的大學生，卻在暑假結束之際拿到一年出國獎學金，也打算追隨布魯納和皮亞傑的腳步，準備申請發展心理學博士班（在哈佛隸屬於社會關係系）。

無意間參與布魯納的團隊計畫，更意外地與團隊另一名成員墜入情網，她是克里格（Judith Krieger），小名茱迪。當時她已經申請到哈佛的發展心理學博士班。一年之後，也就是當我回國後，茱迪和我結婚了，我開始念發展心理學博士班，踏入這個我大學四年都沒接觸過的領域。

第四章　拒絕單一框架

我熱愛大學四年的程度有多深，我不喜歡、甚至痛恨研究所的程度就有多深。且讓我慢慢道來。首先，我和同學或幾位系上大老沒什麼共鳴，他們對我亦是如此。用時下的話語來說，我們就是合不來。這也不能怪誰。

其次，我發現自己沒那麼喜歡發展心理學和社會心理學一向以來慣用的量化研究方法。實驗領域通常牽涉到測試和靈活使用機械或電子儀器的能力（而我不擅長）；一絲不苟的規劃流程或是按部就班地介入；針對先前清楚陳述的假設，蒐集直接且相關的大量資料；接著分析資料，有需要的話，必須反覆操作並重新分析後，再發表研究結果、做出結論。我根本無法忍受往後的工作都要做這件事！

相較之下，我的許多同學和幾位教授都出身於（也或許出走於）像化學或生物這樣的「硬科學」；他們對於實驗研究可觀察、可測量的里程碑習以為常，很容易適應這樣的工作節奏與偶爾出現的興奮感。至於他們是否特別喜歡小孩，甚至是否喜歡人，還是只把他們當作「受試者」，其實不得而知。

課堂上的創傷

研究所一開始的那幾週，發生了一件極不愉快的事情。當時我修了一門必修課，是社會心理學的「學術訓練討論課」，授課的是兩位頗年輕的教授——派帝格魯（Tom Pettigrew）是種族關係的專家；米爾格倫（Stanley Milgram）是聰明的實驗人員和傑出的概念形成者。

米爾格倫知名的「權力服從」（obedience to authority）研究頗獲好評。該實驗顯示，普通人接收身著實驗白袍的科學家指示，給予另一個人施予顯然會造成痛楚的電擊，即使電流量已達危險等級。（事實上，被電擊者是實驗人員的同夥，並沒有真的遭受電擊。）米爾格倫透過實驗指出，多數情況下，人們會受到權威人士的影響，做出會讓他人遭受痛苦的行為，這意味著我們每個人都有潛力成為「聽話的納粹分子」。

我對米爾格倫沒有意見，甚至覺得他的研究很有趣。但是在課堂上，我大膽地對米爾格倫教授提出幾個或許有點挑戰、但絕對沒有挑釁的問題。結果令人錯愕。米爾格倫對我發飆，那反應就像我對他丟了炸彈一樣，他攻擊我、貶低我，一口咬定我意圖「擊垮」他。

在新生滿座的嚴肅研究所專題課上，身為授課教授，這樣的**脫序行為**顯然並不恰當。面對米爾格倫沒來由的攻擊固然叫我詫異，但在場所有人對此事無動於衷，也同樣讓我吃驚。在一旁的派帝格魯教授及現場二十幾位學生，沒有一個人起身為我辯護，也沒有人試圖要緩和氣氛。下課後，才有人走上前來安慰我，包括派帝格魯教授。

直到今天，我還是不知道米爾格倫只是「失態」，或其實是在進行某種非正式的實驗，想測試看看我作何反應。現在，實驗若牽涉到真人受試者，都需經過委員會的審查，因此不管是原版的米爾格倫研究，還是他臨時起意的攻擊，這種實驗都不會被允許的。這個最初的創傷經驗為我帶來一個深刻的體悟——我學到在學術圈裡，就和在其他領域一樣，你都可能沒來由地受到抨擊，而且還是惡意的攻擊，這個時候，你不能指望別人來保護你。也多虧這個經驗，讓我把臉皮練得厚一點，之後，我面對學術研究的攻擊或針對我個人的批評指教（當然，與米爾格倫相較之下力道溫和許多），也就比較不痛不癢了。

後來米爾格倫和我從未提起那個事件，我們也保持普通的師生互動。他甚至在讀了我的論文之後，給予我中肯的意見。我常在想，相較於派帝格魯有拿到哈佛的終身教職，而米爾格倫沒有，是否和他咄咄逼人、反覆無常的個性有關？米爾格倫的學術生涯卓越，可惜在五十一歲那年，因心臟病發而英年早逝。雖然那起事件至今還是讓我困惑不已，但我早就原諒他那次情緒爆發。

今天，如果有學生遭受老師如此毫不留情的抨擊，很可能會向校方提出正式的投訴，甚至老師都可能會被學生用手機偷拍側錄。雖然當前的趨勢大體而言不是壞事，而且那樣的狀況完全不可能發生在我的學生和我身上，但我其實不能百分之百確定，這樣的師生關係真的好嗎？

我不禁把在哈佛學院的大學經驗和在哈佛大學的研究所經驗拿來比較，其實兩者都在同一棟建物裡，也就是威廉・詹姆斯館（William James Hall），當時這個館才剛新建，但我覺得超級醜的。大學時代的我可以隨心所欲地選課，探索新主題與陌生領域，提出大膽創新的統合之見，在宿舍裡結交朋友。教授也會熱情地招攬我們，希望吸引、甚至啟發我們這些好學之士，成為他們將來的得力助手。相較之下，雖然我還是在社會關係系，但身為博士班學生，我顯然棲身在學術圖騰柱的最底層。教授們關注的是自己的研究、設法拿到計畫補助、累積期刊發表的篇數，如果幸運的話，更希望獲得各類獎項榮譽（特別是來自遙遠的國度，勝過於來自對面的走廊）。學者們紛紛致力於爬到學術頂點並維持不墜的聲望，即使是備受讚譽的學者彼此之間也都競爭激烈。

請想像以下狀況，免得你不相信我的描述。在一九六〇年代後期，威廉・詹姆斯館裡有四間研究實驗室，這些實驗室的主要研究員是做嬰兒研究的，分別在地下室、五樓、十一樓和十四樓。學生不准到其他實驗室做研究，有些教授還逼學生立誓三緘其口，以當今的術語來說，就是「保密協定」，教授希望學生當他們實驗室的一枚小零件。雖然我不覺得自己特別傲慢或自大，但我實在沒興趣當任何機器裡的齒輪。漸漸地，我觀察到畢業後找到眾人眼中**第一份**理想工作的學生，都是博士班時當過最棒小零件的學生，但多半情況下，他們都不是最後為研究領域或學術對話帶來變革的人——小零件難以搖身一變成為大行家。

導師的經驗傳承

我念大學時，有幸擁有兩位好老師，他們相當關心我，引領我進入他們的研究世界，就此開啟我的眼界。一位是艾瑞克森，他常常邀請我到他的研究室，問我對於他的閱讀與思考有什麼看法，甚至邀請我和同學到他樸實的家中作客，一起烤肉。另一位是布魯納，如前所述，在那個暑假，我們一同投入教材開發的研究工作。布魯納經常敞開家門，邀請大家來作客，受邀者不分社會地位與階級高低，都是他的座上賓。

正如我之前提到的，師生關係是一種雙向性的關係，是建立在對彼此的認可上。對於受指導的學生而言，他在尋找值得認同與學習的前輩，希望有朝一日可以青出於藍。就像小時候，父母和叔叔是我最重要的榜樣；上大學後，我的教授（幾乎都是男性，許多都是猶太人，其中一些還是從當時歐洲納粹占領區逃出來的）繼續承擔這樣的角色。對老師而言，當他在接納一名學生時，看重的是某些能夠引起共鳴的特質。老師希望有朝一日學生可以延續他的研究工作，甚至是遵照他的方法繼續發展下去。當然，在之後的幾十年裡，當我成為人師，甚至是老太師，也是如此認為。

因此，在研究所或博士後研究階段，沒道理不能發生這樣的師生關係。這確實是可能的，例如古德曼（Nelson Goodman）在我的人生中就扮演這樣的重要角色（我們很快就會介紹到他）。然而，一般來說卻很少能夠真正發生，因為這個階段的學習重點往往被放在養成專業能力，因此較傾向傳統學徒制那樣的單向技術學習。無論如何，我期待的師生關係在我的研究所階段並沒有發生，或許是因為當時我總表現出一些批判或對抗的態度（回想一下我小六時與戴爾老師的衝突，應該就不難理解），我想有部分的錯在於我吧。

我把我的立場歸納為「抗拒專業化」，或者又可說是「拒絕被任何學科束縛」。在研究方面，教授所做的事，我不覺得自己做得到；更貼切來說，我自認可以協助某些教授提高研究效能與吸引力，但我不會那樣做，當然往後的研究生涯也不會！我不想**接受**實驗心理學的**訓練**；我也不想**訓練他人**走這一行。我想繼續大學時代的探究冒險。或者說，當時的我無法用以下詞彙闡述——我希望能在一個領域或主題上進行廣泛的統合，然後再邁向另一個大不相同的領域。現在，我美好的長壽人生邁入終章，我可以感激（且鬆了一口氣）地說，這差不多就是一直以來我所做的事。

走我自己的路

一九六〇年代末期的我，心裡一直思考著：我要做什麼呢？（或用列寧的話來說：「怎麼辦？」*）我一向是個有條理的人，於是決定坐下來逐條列舉、權衡利弊：我為什麼應該留在本系研究所，而不是去念法學院？以及，為什麼我應該選擇離開熟悉的母校？我思考良久，兩邊聲音旗鼓相當，處於拉鋸狀態。最後，天平偏向「留下來」這個選擇，因為當時我幸運地拿到一個獎學金，可以在念博班的同時領全薪；我可以盡可能忽視我不喜歡的事情，同時善用機會，以我喜歡的方式做自己想做的事。一旦做出了決定，要不理會和我不合的人、不出席不想參加的入會儀式，就沒那麼困難了。用法蘭克・辛納屈（Frank Sinatra）的歌曲來形容，就是「走我自己的路」（My way）。

我和博班同學茱迪結婚，共同建立家庭，大學朋友圍繞身邊，他們都在各自的領域深造，這些全都是幫助我身心安頓的良好因素。最後，我找到布朗（Roger Brown）教授擔任指導教授，他是社會心理學和語言學專家，我很感謝有他，他好像也喜歡我。布朗讓我做我想做的事，全力支持我，他甚至在其他批評我的教授面前為我說話（其中一位顯然想把我踢出博士班），最後協助我贏得令人嚮往的獎學金。

有鑑於時代更迭得太快，在此，我有必要提醒讀者一九六五年和今日有兩個極為不同之處：

其一，我和多數哈佛學院學生一樣，都選擇以學術專業領域作為一生職志。我的十二位大學摯友中，有十位的職業生涯都留在最初受訓的專業領域。

其二，像我這樣大學以優等成績畢業的學生，幾乎都會繼續鑽研學術，拿到博士學位，最後成為教授。

今天，華爾街、好萊塢、矽谷頻頻向優秀的大學畢業生招手，他們提供的豐厚薪水和理想生活方式都叫人難以抗拒，這讓我擔心在學術界的我們，將無法培育並留住未來有可能成為傑出教授的大學生。況且，如今看來，即使學生獲得博士學位，也得夠幸運才能找到理想的教職或研究工作，這使得教授一職如今更缺乏吸引力，除非你任教的學校是財力資源雄厚的頂尖學校。

＊編注：《怎麼辦？》（*What Is to Be Done?*）是列寧於一九〇二年出版的政治著作。

古德曼教授與零點計畫

就這樣，我念了博士班，我喜歡某些課程、主題和教授，當然也有些是我不喜歡的。雖然還不確定之後的方向，但我時常迫不及待地想要離開這裡，想要掙脫一切束縛。我還是很想當教授，只是不想當實驗心理學的教授。而此時，社會關係系已行將就木，在我拿到博士學位後一年內就會宣告廢系。

然後，我遇到另一個足以改變我一生的機緣，無論它是好是壞。當時我正在修薛爾頓・懷特（Sheldon White）開設的博士班專題研討，懷特教授是受過「沙塵暴」（dust bowl）時代洗禮下的實驗兒童心理學家，並逐步發展成一位了不起的理論家。

某天，懷特教授不經意提到，附近布蘭迪斯大學（Brandeis University）的哲學教授古德曼正考慮到哈佛任教。古德曼打算展開一個藝術領域的研究計畫，目前正在找研究助理。我以前就聽過古德曼，知道他是著名的知識論學者，不過我應該沒讀過他的書，也不太知道他想到哈佛進行研究的原因。不論如何，一九六七年的春天，我前往麻州沃爾瑟姆（Waltham）的布蘭迪斯校園，和這位令人景仰的知識分子進行「求職面試」。

古德曼教授**看起來**就聰明過人，額頭很高，眼神銳利，有時會用手指用力敲著桌面，令人不安（他的相片請見相片輯一，頁一六八）。

我的面試出師不利。當古德曼教授問我對哲學有多熟悉，我回答自己持續在讀法國現象哲學家梅洛龐蒂（Maurice Merleau-Ponty）的書，只見他眉頭一皺。但當我接著補充說，我同時也在閱讀藝術哲學家蘭格（Susanne Langer，我太太茱迪的大學老師）的著作時，古德曼教授的神情明顯放鬆許多，並說道：「嗯，那就另當別論了。」真沒想到，那次簡短的對談改變了我的一生，是一種正向的轉化經驗（transformational experiences）。

雖然古德曼之前在賓州大學和布蘭迪斯大學任教，但他是波士頓人，學士學位（一九二八）和博士學位（一九四一）也都是在哈佛取得。他很想回到哈佛母校，最終哈佛也準備好歡迎他歸隊。一九六七年秋天，古德曼在哈佛教育學院（Harvard Graduate School of Education，簡稱ＨＧＳＥ）開始進行「哈佛零點計畫」（Project Zero，簡稱ＰＺ），他聘用我和柏金斯（David Perkins）擔任第一屆研究助理，當時柏金斯是麻省理工學院的研究生，專攻數學和人工智慧。雖然我一九六一年就進哈佛，但我很少踏進

HGSE[1]。「零點計畫」這個名字和「社會關係」比起來，顯然實用許多，我們這些老人總愛打趣說，這個名字**什麼訊息都沒透露**。

古德曼是一流的知識論學者，同時也醉心於藝術。他收集繪畫、素描及雕塑；他在波士頓經營畫廊十五年；娶了知名的視覺藝術家史坦吉絲（Katherine Sturgis）；完成一本重要專書《藝術的語言》（*Languages of Art*），討論自然與藝術知識的認識論，該書的精神非常接近蘭格的《哲學新解》（*Philosophy in a New Key*），不過完全不用哲學術語。

在古德曼這本被我們團隊稱為「聖經」的《藝術的語言》書中，為不同藝術形式使用的各式符號與符號體系進行嚴謹的分類。在全書結尾處，古德曼特地用一個段落思忖學者和研究者是否能累積起「系統知識」（systematic knowledge），來幫助人們認識、甚至最終掌握各種藝術的形式。他承認在工作室、畫室、幕後對話與舞台旁白中，存在大量關於藝術教育的合理說法，但可惜的是，這些說法往往流於軼事或不精確的印象。如果希望發展出關於藝術鑑賞的系統知識，我們必須採取嚴謹的科學研究方法，重新從「零點」開始。

除了柏金斯和我之外，古德曼還找了一群來自各個領域（音樂、視覺藝術、建築、戲劇、心理學、資訊等）的年輕人以及幾位教授朋友，請大家和他一起踏上這趟考驗智力與組織力的冒險旅程。這是個不折不扣的跨領域團隊！一開始這個工作是無給職；我總打趣說，我們就這麼開心地沿續這個傳統長達半世紀（事實上，零點計畫的研究人員是有薪水的，不多就是了）。古德曼主持這個計畫好幾年，有天，他對柏金斯和我說：「夥伴們，如果你們想接手，這計畫就歸你們管囉！」

當時我們還沒會意過來，但古德曼是認真的，從此以後，柏金斯和我必須籌錢來支付薪水、研究資料、差旅費、解決技術需求與空間等問題。我們臨危不亂，成功克服萬難，不僅跌破眾人眼鏡，甚至連自己都感到驚訝。

柏金斯和我共同主持這個計畫長達二十八年，而我最自豪的成就之一，就是在撰文的當下，看到零點計畫組織比以往更為活躍與健全。一九九八年，古德曼以高齡九十二歲辭世，若他地下有知，看到組織至今仍細水長流，說不定會感到有點困惑，但我相信他絕對會開心、甚至暗自得意地說：「太好了！『零點』不是真的掛零了。」[2]

---

1 當時，教育學院的系館「朗費羅館」（Longfellow Hall）是跟拉德克利夫學院商借的，裡面沒有小便斗！

理想的教師典範

跟隨古德曼執行零點計畫，為我帶來兩項重要的禮物。第一、古德曼成為我在學術研究與領導標竿的楷模；第二、開啟我（和許多人）學術計畫的開端，並持續執行這項計畫多年。

古德曼和布魯納是多年老友，但兩人個性倒是南轅北轍。一九六〇年代末期，古德曼主持剛起步的藝術知識研究計畫，做法上就和幾年前布魯納主持「人類研究計畫」很不一樣。古德曼與人交往重視社會階級，不重交遊廣闊；相較於古德曼的內向性格，布魯納則是典型的外向性格。古德曼的批評力道猛烈，會將砲火集中在錯誤或不恰當之處；布魯納則會指出有趣之處，即使批評也是點到為止，接著就以極快的速度轉向下一個主題。古德曼的話語至今仍言猶在耳，尤其在我寫作的當下，他說：「閱讀時，我只要讀到說不通的句子，就不再讀下去。」要是我的思考與寫作還稱得上嚴謹的話，那麼多半要歸功於古德曼。

但是古德曼的燒腦風格和布魯納的風格恰好形成互補。布魯納在不同主題間轉換時

（有人會認為跳太快），古德曼會執著於思索某一點，直到完全釐清為止。當時的我並沒有意識到，古德曼是在免費為我上一門嚴謹的哲學論證課程。知名的英國思想家以撒・柏林（Isaiah Berlin）將學者分為狐狸和刺蝟兩大類型：狐狸知道很多事，但刺蝟知道一件大事*。有一回，古德曼便俏皮地這麼說道：「我只知道一**件小事**。」當然，不管他知道的是什麼，他都是一代巨擘。

或許可以這麼說，古德曼具有典型的「學科領域心智」（disciplinary mind）——他是哲學家中的哲學家；而布魯納則是典型的「統合心智」——他是統合者中的統合者。但是以他們身為學者的聲望和地位，他們對於單一學科（分別是哲學和心理學）和跨學科整合的研究都採取開放的態度，正因如此，他們是我心目中理想的學者典範。也因為古德曼和布魯納不是我博士班的指導教授（我很幸運有布朗擔任我的指導教授），因此

2 我曾在一篇文章中描述研究機構在大學裡生存所需要的條件。請參見https://www.therealworldofcollege.com/blog/how-institutions-survive-and-sometimes-thrive-a-challenge-to-ralph-waldo-emerson

* 編注：出自古希臘詩人阿爾基羅庫（Archiloque）之語，後來由柏林引申詮釋為兩種類型的人：狐狸型的人對許多事物感興趣，會追求很多目標；刺蝟型的人喜歡思考萬事萬物的核心，找到潛藏其中的運作本質。

他們可能覺得不需要像約束自己學生那樣約束我，因此某種程度來說，我比較像是沒有拘束的大學生，而不是卡在中間綁手綁腳的研究者。而我也從這樣的「片面指導」中獲益，有機會學習不同學者的獨到之處。

後來，在我召集與領導研究團隊時（包含協助我發展多元智能理論的團隊），便運用我在這兩位傑出的教師典範身上觀察到的卓越特質，儘管他們兩人的風格是如此大相逕庭。古德曼和布魯納就像是父執輩一般對我關懷有加，隨著我們彼此的年歲漸長，我對待他們也像子女對待父母尊長般地善盡孝道。我遵循他們各自的教導並予以融會貫通，同時在學術研究上保有自己對跨域統合的偏愛，論證能力也變得更為嚴謹精確。

人格特質也很重要。如前所述，布魯納豪爽健談；他天性外向，熱中交際。古德曼顯然天性內向，他厭惡寒暄，喜歡獨處，常花數小時與藝術品為伍。有人曾對我說，我具有「外向特質的內向人格」，我想這種說法似乎有幾分道理，我綜合了內向的父親以及外向的母親——她是個典型的「連結者」（connector）*，在人際連結這方面，我沒見過比我媽更厲害的人。儘管我不如母親善於社交，但我也還稱得上是一個連結者。

整合興趣與研究

古德曼不僅影響我的學術風格，也協助我在學術生涯之初，釐清要鎖定哪個研究方向。基本上，他建議我把研究與兩個個人興趣做結合，這個做法很不尋常，甚至可說是前所未見。

我的興趣其一，是長期以來對於藝術的愛好。我彈鋼琴二十年了，又因為大學課程和那年在英格蘭累積的「文化學分」，我成了不折不扣的藝術迷。我想要了解各種藝術的箇中關聯及其獨特貢獻。借用蘭格和古德曼的說法，我想要了解各類藝術的**象徵系統運作方式**，例如文字、圖像、音符、舞步。和很多人一樣，我認為藝術是創造力的發源地。博士班一開始，我甚至撰寫五十頁的論文，探討創造力的心理學研究，並獲得米爾格倫的中肯建議；我一度對他很反感，但在我的學者養成路上，米爾格倫竟從我的痛苦來源，轉變為提供我片面輔導的人。

＊編注：出自麥爾坎．葛拉威爾（Malcolm Gladwell）的著作《引爆趨勢》（*The Tipping Point*）。

我的另一個興趣是探討從嬰兒到成人的認知發展。這個研究路線自然與我在研究所學到的所有實驗與分析工具有關，是脫胎自兩位該領域的學術巨擘——皮亞傑與布魯納；事實上，這兩位大師級心理學家本身也都對藝術很有興趣。但不論是對兩位大師或幾乎是每位威廉・詹姆斯館裡的學者，或是甚至對全世界心理研究學界來說，「**發展**」**意味著像科學家一樣進行邏輯思考**，像皮亞傑、布魯納與其他有「社會關係」那種新興領域科學抱負的人一樣思考。

有一天，我腦海中突然浮現一個特別的想法：**要是我把兩個興趣做結合呢**？具體來說，要是我把老師們提出的認知發展心理學概念和工具，應用到藝術思維、技能與創造上呢？再說得清楚一點，我可以創造「藝術發展的認知心理學」，與當前相對成熟的「科學發展的認知心理學」分庭抗禮嗎？或許還可以借用當時我還不會用的詞彙來說：「藝術智能」與「科學智能」之間是否存在差異？（我可以先簡單回答這個問題：任何智能都可以應用在藝術上。不過這只是一個可能選項，並非一定要如此。）

這個大有可為的想法成為我的研究計畫，也是之後十年零點計畫的主要目標。從實驗面來說，同事和我進行實徵研究，探討兒童如何發展關鍵的藝術能力。比方說，我們研究兒童如何感知繪畫風格；以及在後期研究中，探討兒童如何感知音樂與文學等其他藝術形式的風格，同時也研究一種能夠創造並理解隱喻的藝術認知能力。要在符號系統中做出並理解那些連結，顯然必須具備隱喻思維，對於許多類型的統合，這也是一項必要的能力。在這個基礎上，我開始進行嚴謹的實徵研究，並在政府與私人慈善機構的資金補助下持續進行。

你可能會感到好奇，既然我對實驗研究興趣缺缺，又要如何進行這些心理學研究呢？其實這些研究並不缺乏假設，只是這些假設頗為溫和。我總是在非刻意的狀態下，開啟了新的研究主題，例如：孩童能夠辨識藝術作品的風格嗎？他們能夠敏銳地感受到其中的隱喻嗎？如果是，會發生在什麼樣的類型與條件下？

正如我之後的許多實徵研究那樣，初步實驗往往會帶出更多更有趣的假設。它們並非是驅動實驗的**動因**，而是實驗所帶來的**結果**。當我們嘗試辨識藝術家風格時，作品的主題性會帶來幫助還是阻礙？（例如：具象和抽象繪畫相較之下，何者比較容易辨識出作者風格？）我們處理實體隱喻和心理隱喻的方式，是相同的還是不同的？我會針對上述這類新的假設，展開家庭手工業式的研究——在藝術之中發展想法、解決問題，並發現新的問題。

我對兒童如何感知繪畫風格的開創性研究，就先簡要地說到這裡，第六章會有更多的介紹。回到我的博士班生涯，我和多數博士班學生不太一樣，一般博士生會在某位實驗心理學家的監督下進行研究，這種學術模式我稱之為「德國師徒制」。而身為獨自作業的學術新創者的我，則必須主動「推銷」我的論文。我先把論文拿給一位知名（且個性難搞的）心理物理學家史蒂文斯（S. S. Stevens）的妻子兼實驗室經理過目。她瞄了一眼，便以不屑一顧的態度說：「史蒂文斯看不上眼的。」然後就把論文遞還給我。如果最後的結局都是被拒絕，我猜這樣快、狠、準的拒絕反而來得乾脆。

接著，我把論文投稿到《心智定律科學》（*Psychonomic Science*），期刊編輯摩根（Clifford Morgan）回函婉拒了我。（再次證明，拒絕來得愈快愈好。）但幾個月後，這份期刊卻接受並登出一篇由知名心理學家沃克（Richard Walk）所撰的文章，研究主題基本上和我的相同！我很生氣，也從來不是軟腳蝦（再次回想起我母親跑去找校長理論老師課堂的不當行為），於是我發了一封抗議信給摩根，信上寫道：「你竟然敢拒絕我的論文之後，去接受沃克博士的？」

我很快就收到回信。摩根寫道，我們心理學期刊**接受**「概念形成」的論文，**不接受**具有「藝術風格」的論文——那是探討美學的期刊有興趣的。我相信一般的導師會很樂意傳授給學生這類教訓，但我只能靠自己摸索。看到我挫折不已，我的指導教授布朗安慰我說：「大家都有一個標示著『未發表』的論文文件夾。」後來，我常常這麼跟學生說：想當學者，臉皮就要厚一點，才能夠應付屢遭拒絕和「修改後重新提交」的評語，以及由此而來許多不必要的工作。

投入寫作與出版

這就是學術圈的我（那時候大家都叫我霍華德了），在認知發展研究的執行與傳播上還是新手，在學術出版的世界裡也還很菜。但是我有更遠大的抱負，並開始摩拳擦掌認真思考藝術發展心理學的研究之道。我原本打算要寫一篇文章做探討，卻發現這需要花上一本書的篇幅來談。因此，我將想法寫成一本龐大的著作，書名為《藝術與人類發展》（*The Arts and Human Development*）。我在書中回顧現有文獻，並試著提出藝術技巧的完整架構，內容可與其他提出科學認知發展的相關作品相媲美。

這本書不可否認是統合之作，不僅彙整許多內容，架構也是別人從未想過的，所以我至少能以「創意之作」自居，我敢說這本書所做的嘗試也領先當時。後來我們針對書中討論主題做了四十年的研究，今天的研究者可能沒聽過我或這本書，較為人知的是德國馬克斯普朗克研究院（Max Planck Institute）的「經驗美學研究」（empirical aesthetics）。當時的我料也沒料到，這個新奇的統合嘗試竟成為十年後，我那本探討人類智能的重要作品《心智解構》的原型，同時為其他研究奠定根基。

一位資深同事曾這麼評論《藝術與人類發展》：「本書出自一位相當年輕的學者。」他的批評話中帶刺，但隨著時間的推移，我虛心地接納，並視之為真知灼見。這本書的確可以寫得更清楚，術語少一點，標題及要點也更淺白一些。

話說回來，知名經濟學家高伯瑞（John Kenneth Galbraith）回顧他早年出的書時提到，書中那些學術行話，顯然是寫給學術圈一小群學者看的。那些書的銷量很差，很快就因滯銷而減價。後來高伯瑞學到教訓。他決心將來若要出書，要用清晰易懂的英文表達所有要講的事情，這樣書才會暢銷又賣座，如此一來，他經濟學圈子裡的同事就**非得**

拜讀不可，在雞尾酒派對或坐火車時閒聊時也才能夠對答如流。

身為博士班學生，我必須書寫有時厚達數冊的專案研究，也因而漸漸熟悉書市的運作。當時，威立出版社（Wiley Publishers）的華倫泰（Eric Valentine）告訴我，精算過出版《藝術與人類發展》的成本預估後，他可以給我一千五百美元的預付款。我利用從經商的父親和弗里茨叔叔那裡學到的知識，回覆華倫泰：我不能接受這個預付款，我希望拿到三千美元。不久，華倫泰表示：「我們重新計算了一次，我們可以付您三千美元。」我舉出這個例子當然不是出於自以為是或告訴大家我愛討價還價，但身為學者，當面對令人畏懼但不可或缺的商業世界時，我們確實能發揮某種程度的制衡力量。

撰寫教科書

至於其他的書，經驗又大不相同。有一年暑假，為了賺錢，我應徵寫教科書的差事。貼出求人廣告的是社會心理學家格羅薩克（Martin Grossack），他想撰寫一本社會心理學教科書，卻遇到瓶頸，大概是喪失寫作靈感吧。格羅薩克是個好人，但顯然他沒有辦法完成這個大工程；或說他根本還沒開始。總之，他需要找一個幫研究者代筆的寫手。

巧的是，我才剛修完由米爾格倫和派帝格魯共同授課的必修社會心理學入門，所以我手邊的資料都是最新的，至少和當時哈佛研究該領域的教授一樣。於是我開始為格羅薩克捉刀寫作，書中大部分主題以及幾乎所有文字都是出自我之手。其實我甘願拿錢走人，但格羅薩克覺得那不太公平，所以他把我的名字也放到書上，於是我成為第二作者。這本書算是標準版教科書，而我所做的事是我從中學開始就擅長的——概述主題，將各主題放入恰如其分、引人入勝的架構中。不過，以今天的角度來看，該書的書名和封面插圖可能會讓人大皺眉頭。準備好要聽了嗎？副標題是「社會心理學這門社會科學」，而書名是《人際之間》（*Man and Men*）；封面插圖則是許多男性的臉孔剪影，大概全都是白種人吧（見頁一七一）。這個書名和封面簡直驚世駭俗，但同樣讓人吃驚的是，就我記憶所及，當年也沒有人反對書名和封面。一九六〇年代後期學術圈的樣貌便是如此。

對我來說，這本書的重要性在於證明我有能力撰寫教科書，並順利地讓書出版。我的概述或統整能力受人肯定，文筆通俗易懂，即使不是妙筆生花，我也絕對是一名稱職的作家。當大部分美國心理學博士生在實驗室裡做實驗，努力地寫著一篇又一篇實徵（通常都令人難以卒讀）學術論文，並準備投稿到聲望最高的期刊。而我，獨自伏案閱讀文章與書籍，將內容整合成淺顯易懂的書籍形式。十年後，我成功地撰寫出屬於自己的發展心理學教科書，這本具有內容原創性的書，意外地獲得廣大讀者的迴響。

我的人生是否因此而轉了彎，就此靠著寫教科書和修訂舊版的稿費維生，甚至還能過上不錯的日子？並沒有，也該感謝一筆突如其來的麥克阿瑟獎巨額獎金（第六章會談及），沒讓我的人生走上那個看似誘人、但似乎沒那麼令人滿意的向五斗米折腰之路。也因如此，我才意識到，統整別人的話、統合他人研究，對我來說顯然不夠。

開啟學術眼界

在介紹我的第三本書之前，容我先說說當我沒在做研究、沒在打字機前趕當天進度，或是做我分內的家事及育兒工作時（我有分擔，但當然不到一半），我都在做些什麼。一言以蔽之，我在當老師。

首先，我仍持續教人鋼琴，但目的已經不是賺外快，主要是在研究藝術能力的發展。我藉此反思各種教學技巧，並記錄哪些方法有效、哪些無效，算是我的藝術教學法實徵心理學（不過很可惜的，我從沒寫出這種極盡假掰與倒胃口之名的東西）。

其次，我也做了一件對博士班學生來說滿不尋常的事，那就是到公立學校去教書。我的想法是，如果我這輩子要當發展心理學專家，那麼我應該觀察的對象不應該只是兒童（包括我自己的小孩），或是對那些家長同意參與實驗的兒童做實驗，我應該試著親自去教小朋友。就這樣，我花了幾個月的時間，擔任艾德伍德小學幼兒園到國小二年級班級的兩位教師之一；該校就是幾年前布魯納團隊開發「人類研究計畫」的學校。

最後，也是最重要的一點，我自己成了大學導師，負責輔導哈佛學院社會關係系大學部學生。我大學時住在溫特索普宿舍（Winthrop House），而現在，我成了不遠處昆西宿舍（Quincy House）的導師。連續三年，我教導大學生認識社會學、人類學及各心理學派的基礎概念。雖然我不是天生就要當老師的人，畢竟我太內向、太活在自己的世界裡，但導師工作我還滿上手的。此外我也領悟到，要是將來要走大學教職這條路，我應該教自己的學科、興趣、領域與技巧（尤其是寫作技巧），對象是大學生或研究所學生，而不是幼兒；我缺乏教小小孩的技巧（我自己的小孩除外），也沒有動機去學習那些技巧。

因為在昆西宿舍擔任導師，我得以和知名人士來往，包括詩人洛威爾（Robert Lowell）和政治學者出身的參議員莫尼漢（Daniel Patrick Moynihan）。我也負責邀請校外嘉賓來哈佛學院對學生演講。這項工作具有難度，因為我們並沒有提供報酬（其他學院和大學則很少這樣），只支付基本的車馬費。雖然如此，許多知名人士仍慷慨地接受邀約。

其中，我印象最深刻的是語言學家與社會批評家喬姆斯基（Noam Chomsky），他在國內是響噹噹的大人物，更無疑是全世界赫赫有名的公共知識分子。比較令人詫異的是民調專家哈里斯（Louis Harris）自行入住豪華的波士頓麗池飯店，然後要我們支付他太太和他的費用，這個要求雖不算荒唐，但我還是沒有批准。我也清楚記得盛氣凌人的魯道夫・賓（Rudolf Bing），這位年約六十幾歲的大都會歌劇院總經理，帶著一位年輕貌美的女子前來，她的年紀連他的一半都不到，而且顯然不是他太太。當年我實在太天真，還因此震驚不已。另有一次，一九六三年十月，高伯瑞教授走過溫特索普宿舍排隊領取午餐的人潮，走在他身旁的是女演員迪金森（Angie Dickinson），我當時想都沒想到，她正在等待隨後抵達校園的甘迺迪總統（John F. Kennedy）。

我如初生之犢，大膽邀請各界傑出人士來學校演講，即使遭到拒絕，也能增長見聞，實為難忘經驗。小說家兼散文家維達爾（Gore Vidal）的回函字跡潦草，龍飛鳳舞，他寫道自己忙於即將來臨的（一九六八年）全國選舉，大選結束後再回覆我（就我記憶所及，後來並無回音）。我也邀請知名喜劇演員格魯喬・馬克思（Groucho Marx），他回了一封十足格魯喬風格的信給我（見頁一六五的信函）。

最後，我邀請我個人的學術偶像威爾森，他是一位知識淵博的文學批評家。如前所述，威爾森是我大學以來的楷模，不管是在思考、寫作、還是統整能力上，他都堪稱為大師。他刻意不讓自己花太多時間待在學院裡，因為他極為睿智地意識到，學術研究會對他綁手綁腳，頗有《頑童歷險記》（*Adventures of Huckleberry Finn*）裡「哈克」的影子。

不過很遺憾但不意外地，我收到威爾森獨特的婉拒信函：「艾德蒙・威爾森深表遺憾，不克前來……」，還在底下的「演講」兩字旁打了勾。我一直留著威爾森回函的信封，也常想這封信究竟是不是他自己寫的。多年後，用搜尋引擎已經可以找出筆跡，我調出威爾森的簽名（筆跡學剛好是我的業餘愛好，很適合在個人回憶錄中記上一筆），果然，只有信封是偉大的威爾森自己寫的。不管聽他演講任何主題（縱使他會口吃），都讓我「極度興奮」。雖然最後沒能親眼見到他，但我還是非常珍惜這份親筆寫的拒絕信（見頁二五六）。

兩位大師的回信

接下來談談我的第三本書，就我往後的職涯發展來看，本書可說是最重要的轉折點。一九六五年暑假與布魯納共事後，大幅拓展了我的學識視野，我開始對兩位具有法國背景的學者深深著迷：一位是來自日內瓦（位於瑞士的法語區）的認知發展研究先驅皮亞傑，另一位則是來自巴黎的李維史陀（Claude Lévi-Strauss），他以認知觀點研究各種文化與藝術品而聞名於世——這個觀點是借用自語言學研究，當時該領域最著名的語言學家當屬雅各布森（Roman Jakobson）。

我在歐洲那一年，廣泛地閱讀兩位教授的著作，不只讀了英文版，也一邊查字典、一邊讀法文版。我堅持要到日內瓦親炙皮亞傑的風采，也去聽李維史陀在倫敦的講座。兩位學者在各自領域都相當知名，但就我所知，從來沒有人對於兩人研究之間的關係做思索及剖析。我在思忖過後，便以此為主題書寫一篇論文。

當時的我沒有多想，也不奢望獲得任何回音，就把論文（當然是以英文撰寫的）寄給兩位學者。沒想到，我竟然驚訝地收到兩位大師花時間親筆撰寫的認真回信。更巧的是，他們是在同一天（一九七〇年四月十日）寄出的！皮亞傑文如其人，給予我完全正面的肯定；而李維史陀則提出較多批評，但對我幫助很大。如今，那兩封信都掛在我的辦公室裡當作炫耀，一旁則是之前說的格魯喬那封詼諧的婉拒信。

能引起兩位重量級全球知名學者的注意，對我來說意義重大，然而我的同學和教授並不在乎，基本上，我們活在平行時空裡。而我將這兩位大人物的理論連結起來的想法，也吸引了出版界的目光。隔年，我和美國享譽盛名的克諾夫（Alfred A. Knopf）出版社簽了合約，書名定為《心智的探索：皮亞傑、李維史陀與結構主義運動》（*The Quest for Mind: Piaget, Lévi-Strauss and the Structuralist Movement*）。

就和寫《人際之間》一樣，我寫得很快，而且寫作完成時間和完成《藝術與人類發展》差不多。《心智的探索》和《人際之間》不同，並不是一本教科書；和《藝術與人類發展》也不同，並沒有企圖（可能還不成熟）要成為獨創的學術統合之作。這本書旨在記錄兩位傑出的當代學者對於思想的貢獻；企圖辨析兩者研究的異同，算是一種獨創的嘗試。相較於前兩本書，這本書定位在獻給普羅大眾的入門書。為了達到這個目標，邀稿編輯奧克倫特（Daniel Okrent）給我諸多協助，當時的他還不到二十歲，後來成為傑出的編輯、作家與《紐約時報》的第一位公眾編輯；羅森索（Melvin Rosenthal）也惠我良多，他是我遇過最棒的文稿編輯，說他是**有史以來**最棒的文稿編輯也不為過。

寫作有如譜寫樂章

回頭來看，當時我寫的是三種不同類型的書，分別運用了三種不同的心智運作。首先，在《人際之間》中，我對社會心理學領域做了全面性的**概述**，並以深入淺出的方式，對這個分支學科做了詳細介紹。近年來，我在一些大學先修課程的閱讀書單中常看到它的身影。

其次，在《藝術與人類發展》中，我試圖開創一個新的知識領域，或者至少為人類發展提供一些嶄新觀點。這顯然是一次充滿創意的大膽嘗試，我發現此書不僅對我很有用，對那些有志於繼續開拓這個新知識領域的學生和同事也大有幫助。然而，書中內容可能太過學術性，並且缺乏足夠的實證基礎，因此讀者不容易為這個宏大建設增磚添瓦。這個問題到多年後才獲得改善，不過並非出於我的功勞，而是我的太太溫納寫了《創造的世界》（*Invented Worlds*，1982）及《藝術的功能》（*How Art Works*，2018），這兩本書是進入這個研究領域最好的叩門磚。

最後，在《心智的探索》一書中，我嘗試進行「原創的統整」，以前所未見的方式，將兩位傑出學者的思想與方法整合在一起，帶領大家用全新視角重新認識兩人以及其思想之間的關係。更重要的是，這本書是為一般大眾而寫，而不是要寫給選修社會心理學的學生（如《人際之間》），或是研究美學和發展心理學的學者（如《藝術與人類發展》）。

然而，如果就寫作本身來看，三本書的寫作過程其實相去不遠，甚至直到此時此刻，我依然運用相同的方式寫作。我會做很多筆記，反覆進行組織整理，不斷和同事與朋友談論我的想法。我還會持續在腦海中不斷與自己進行對話，經常藉此創造佳句，有時還會把句子錄下來，十年前用錄音機，現在則用手機。

然後我坐下來寫，不停地寫。我不是那種會反覆推敲、執著於第一個句子的作者，也不會規定自己一天要寫五百字，更不會反覆修改第一章，直到滿意才繼續寫下一章。我會把所思所想一股腦傾倒出來，一次至少一章，而且盡可能一下子就寫完一整本書。更精確地說，是在排除一切干擾的一兩週之中，每天花上幾小時在電腦前。我需要感受整部作品、知道整本書的感覺，甚至是由如此大量文字所構築的全書樣貌。

寫作時，我喜歡把自己想成一名作曲家，譜寫著文字的交響曲。我會先擬定四個、五個或更多樂章，然後填入細節，並視需要進行編輯、重新配置主題或調整章節順序。初稿完成後，我會擱置一段時間，然後修改、修改、再修改。我的著作大部分都至少會改到第四稿，有些甚至更多。通常我會把稿子給朋友或同事看，徵詢他們的意見。有時我會採納他們的意見，特別是當某個意見不止一人提出時；有時我也固執地堅持己見，但結果往往是為此懊悔不已。當然，到了某個時間點，稿子就會到編輯手裡，接下來又再寫一輪，改寫也是家常便飯。

李維史陀曾說，寫書的人只有三個快樂時刻：這本書的構想形成時、這本書準備出版時、這本書送達手上時。我無法同意他的說法，我喜歡書寫的過程，由衷地希望可以持續寫下去。

總之，我成為一名年輕作家，出版三本類型截然不同的著作，展開在藝術發展領域上的研究，並很快成為零點計畫的共同主持人。我同時娶了博士班同學茱迪，成為一名幸福的丈夫與三個孩子的爸爸（凱芮思，一九六九年生；杰，一九七一年生；安德魯，一九七六年生）。就旁人看來，也許會認為我未來的學術和寫作發展路線已經顯而易見，但對我來說，一切都還籠罩在茫茫迷霧之中。

第五章　拓展研究領域

我二十七歲那年，和太太茱迪在同一場畢業典禮上拿到發展心理學（嚴格說來是社會心理學）的博士學位。我的學生生涯就此告一段落。

但，真是如此嗎？我回想起自己完成大學學業時，曾考慮要走臨床心理學這一行，但我其實志不在此。在我的心目中，艾瑞克森占有無可取代的地位，他最吸引我的地方，在於他那別具一格的分析與統整能力；相較之下，他針對年幼病患的著名治療方法與成果，我則興趣缺缺。隨後在英國度過的那一年，則鞏固了我在大學時期所學，也讓我有機會重新審慎地思考未來的學術方向和工作選擇。最後，我熬過了研究所，即使一開始感到壓力龐大，但終究逐漸取得平衡。我再次發覺自己想要從事研究工作，而我運氣也真的很好，我的確能勝任於此。

即使在那個久遠的年代，獲得博士學位的學生，一般還是會作博士後研究；如今這個情況更為常見，只是難度更高了。身為博士生，你能繼續鑽研感興趣的主題，或是開啟另一個新主題，或許另一個更大的好處是，至少有一陣子你能逃避就業、逃避教書的苦差事，還有延遲投身於一份「好工作」所要付出的終身代價。總之，最後我申請了三個博士後研究，也都很幸運地獲得錄取。我有整整三年的時間可以繼續研究生涯，某種程度上，這讓我想到從前那段閃耀著光芒的大學時光，而非研究所時期那段永無止境的苦勞。更有甚者，我還可以修訂《藝術與人類發展》和《心智的探索》這兩本著作。

我心想：如果我有幸能擁有多一年或多幾年的時光，我想學些什麼？一開始，我想研究藝術史或美學那種比較傾向人文的學科。但後來，另一個意料之外的經驗讓我徹底改觀，也將我的好奇心引導到全新的方向。

大腦研究的嶄新領域

一九六〇年代後期，零點計畫的負責人古德曼和我聽聞大腦研究出現有趣的新發展。外科醫師為了要對抗棘手的癲癇，偶爾會將胼胝體（連結左右腦的帶狀組織）切開；藉由這種戲劇性的外科手術，他們確實分開了大腦的左右半球。兩個半球的組織乍看起來一模一樣，但掌管的功能其實大不相同，透過視速儀與雙耳分聽測驗（這類研究並非我所擅長），就有可能精確研究大腦左右半球各自掌管的功能。這樣的研究成果，深深地激起古德曼和我的興趣。

巧的是，研究該領域頂尖神經科醫師賈許溫德（Norman Geschwind）任職於波士頓榮民醫院（Boston Veterans Administration Hospital）與哈佛醫學院，住所就位於哈佛大學附近。在當時，想說服忙碌的知名講者在無酬的情況下到昆西宿舍進行演講比較容易；如今，請恕我尖酸刻薄，你能收到對方婉拒的回覆，那就要偷笑了。賈許溫德教授欣然允諾，蒞臨當年位於普利斯卡特街（Prescott Street）零點計畫狹小的辦公室，對我們這一小群熱情洋溢、堅持不懈的研究人員演講。

坦白說，我不記得賈許溫德在那場兩小時的講座上說了些什麼，或許是因為接下來十五年間，我聽過他上百場的演講，所以基於時近效應，最初那場演講的內容就被抵銷了。不過我確實記得的是，當時全場所有人像是被催眠一般為之著迷。演講結束後，大家還興致高昂地邀請賈許溫德留下來吃晚餐，我當時暫時先回家陪家人，等我再次回到辦公室時，發現聚會依然相當熱絡。

看到賈許溫德正在進行的大腦研究，我馬上意識到這與深深吸引古德曼和我的那些主題有高度相關。在古德曼的研究中，他假設有兩種符號系統存在，一種是「標記符號系統」，是數位符號，例如：是／否、開／關；另一種是「**非**標記符號系統」，是以無盡微小與漸變構成的類比符號，例如：從橘色到紅色，或者從ＯＨ的音到ＡＨ的音。語言和樂譜屬於標記符號，每個符號都代表特定的指示物；而繪畫和雕塑等視覺藝術則屬於非標記符號，你無法確切地指出視覺結構的特定部分，也無法掌握它們之間是如何彼此協作。有趣的是，舞蹈一開始看起來是非標記符號，但事實證明，人類可以建構一套全面性的舞蹈標記符號系統，用來精確地描述特定舞蹈動作的關鍵特徵，以便在後續的演出中忠實重現。

有時候，自然世界與人類直覺竟是如此相符。我們很訝異地發現，大腦左半球似乎演化成負責處理標記／數位符號系統；而大腦右半球則似乎發展成負責處理非標記／類比符號系統。

腦科學帶來的啟發

關於賈許溫德的神經學及神經心理學研究，我的關注點跟其他人有些不同。當時我正試圖深入了解藝術技巧與天賦的發展，覺得要把各種能力區分開來十分困難。舉例來說，音樂和語言是否包含同樣的能力和技巧？兩者是像左眼和右眼那樣大同小異，還是像腎臟和胃臟那樣截然不同？又例如，人類的能力是否建立在另外一種能力的基礎上？比方說，語言能力是否脫胎於音樂能力，或者音樂能力是否脫胎於語言能力？

無論是門外漢或是專家，清楚區別語言能力和音樂能力並非易事。但對腦傷患者的研究，卻能戲劇性地改變這種情況。大腦可能因為中風（大腦任一半球皮質或深層組織神經功能缺損）、外傷（遭槍擊或外物撞擊）或疾病（慢性或急性腫瘤）而受損。透過對腦傷患者的研究，可以看出不同心智能力間的關聯（或缺乏關聯）。正如賈許溫德告訴我們的，知名作曲家拉威爾（Maurice Ravel）罹患失語症後，依然能夠欣賞和評論音樂演出；知名畫家柯林斯（Lovis Corinth）右腦受傷後依然可以作畫，不過畫布左半邊的內容會出現遺漏或扭曲。

如果我能拿到博士後研究獎學金，究竟該選擇哪個研究領域？這個問題一直困擾著我，而此刻卻彷彿迎刃而解。

賈許溫德教授來零點計畫演講後不久，我詢問他是否願意當我的博士後研究申請推薦人。雖然我不是醫師，而他早已是著名且廣受歡迎的導師，他還是好心地答應我。我記得那天在飛往邁阿密的班機上，當時他是要去心理學大會做主題演講，而我也是要去參加那場會議。我移到經濟艙他旁邊的位子，鼓起勇氣給他看我的博士後申請書。賈許溫德教授審閱申請書時，就像大家在牙科候診室翻閱雜誌那樣快速。他指出三個需要修改之處，告訴我改完後就可以正式提交了。

由於不確定是否能順利取得獎學金，所以我還跑去應徵耶魯大學心理學講師。我覺得教學演示與面談都十分順利，但最後沒能獲得那份工作。我並不感到太過意外，畢竟之前我投稿到傳統期刊的經驗告訴我，我的研究興趣在於藝術發展，但常春藤盟校的心理學終身教授們並不在意這個領域，更別說要受到知名期刊主編的青睞（當年那個出言不遜的小華可能會這樣說：那些**自以為**高高在上的編輯和期刊）。

我在實驗心理學研究上所付出的努力，以及眾多統合他人研究成果的文章和書籍，顯然並沒有在教授們心中留下深刻的印象。最後，錄取這個職缺的是史丹福畢業生費爾德曼（David Henry Feldman），我們不久後成為朋友，而他也漸漸地對「較軟性」的主題感興趣（例如資優兒童），並很快就離開耶魯，在塔夫茨大學（Tufts University）兒童研究與人類發展系找到更穩當的教職。

人難免有時會想：「要是當初如何如何」，同時召喚出內心的平行時空小劇場。我有時也會想，要是當年我去念安多弗，而不是懷俄明中學；要是我選擇的是哈弗福德學院（Haverford College），而不是哈佛學院；要是我去耶魯大學當講師，而不是去波士頓榮民醫院作博士後研究。

如今，我只能說，還好我沒得到耶魯的教職，因為追隨賈許溫德和在波士頓榮民醫院的經歷，大大地改變了我的人生。後來我在波士頓榮民醫院擔任神經心理學研究員二十年，徹底且永久地影響我對心智與其他事物的看法。說實在話，我不覺得自己有可能在一般心理學系獲得終身教職；我太特立獨行，對他們而言根本是個怪胎。

為自己的主張尋找根基

回首前塵，我可以確定為什麼和賈許溫德共同研究大腦科學會如此吸引我。我天生傾向閱讀、觀察、聊天、統合、寫作、改寫，早在中、小學時代就是如此。我在編撰《意見領袖》校刊、上高四專題研討課、哈佛學院時期的學習，以及研究所時期迥然不同的研究，做的都是類似的事。我希望自己能像經濟學家高伯瑞那樣，用我希望的方式說我想說的話，運用最平實的日常語言，統合心理學和社會學的學術觀點。

當時的我像是在茫茫大海中找尋**陸地**，試圖找尋一個更好的、更具說服力的基礎，讓我的主張與結論獲得立足之地。我喜歡皮亞傑平實文字中對於孩童的率真描述，以及李維史陀那些膾炙人口的原始文化研究；但我也喜歡採用邏輯公式，假定構成人類行為基礎的代數公式與機制。

就皮亞傑而言，他採用形式邏輯，以不是那麼嚴謹、但可以進行形式推理的方式（這顯然足以激怒多數邏輯學家），作為解釋兒童言語與行為的基礎。就李維史陀來看，他是從其他領域援引邏輯圖式，主要是借用自語音學研究，同時也借用自數學、符號學等其他系統。確切來說，李維史陀採用諸多領域視角並加以調整，用以解釋親屬結構與住居模式的起源與組成，以及那些全球各地部落社會反覆出現的人物、行為與自然現象。

直到今天，我仍一直在思考，當時的我到底是純粹為這些形式主義而著迷，還是單純為了要將我的想法與結論放置於更穩固的基礎上而深受其吸引。對於現在的我來說，我很懷疑那樣的借用對兩位偉大學者到底帶來多少幫助。皮亞傑和李維史陀的方法都非常像笛卡兒，充滿法國風格，但或許也可說是相當矯飾。不管原因為何，我仍持續不斷尋找心目中的穩固基礎。

從別的情境說件往事好了。有一次在激烈的討論後，布魯納問我：「你以前是不是主修物理？」這實在有點離譜，說實在我也沒那個能力，但還是感到有點受寵若驚，我竟然會被誤認為物理系的學生，而不是生物或社會科學的學生。

實地觀察腦傷患者與兒童

看過賈許溫德的研究後，我得到一個很清楚的推論脈絡——如果你要研究心智，有什麼基礎會比大腦**更穩固**呢？只有神祕主義者才會把認知和其他心理能力置於大腦神經系統之外。所以，如果你能夠深入地研究大腦，並直接第一手觀察患者大腦損傷後的情況，那麼你對於人類表現的組成與構造所下的結論一定會更具有說服力，也會更加確切可信。

不過，這樣的推論也有誤導之嫌。我們現在知道，即使兩篇科學文章的內容**完全相同**，但很多人會更相信放了幾張大腦照片的那一篇，遠勝過沒有照片的。更重要的是，我不認為**只因為**出現新的大腦手術資訊，身為教育者的我們就應該改變現有的做法。

儘管如此，只要心懷謹慎，了解大腦的結構與功能還是相當有價值的，甚至可說價值高到難以估量。即使我早已忘了那些專有名稱，但我不後悔當時花了大把時間鑽研各種腦葉與腦溝，研讀席德曼父子（Murray Sidman & Richard L. Sidman）的圖解大腦結構與連結大全。

當時，我總是熱切期待參與醫院巡房，尤其是由賈許溫德帶領的時候。在波士頓榮民醫院的每週例行巡房時間，失語症（或神經科）病房所有醫師都一同會診，不僅從旁觀察臨床醫師與患者（這是間退伍軍人醫院，所以當時的病患幾乎全為男性）的問診過程，還會聽取語言治療師、心理學家、語言學家等不同領域專家的報告；然後所有人都要大膽猜測患者腦部損傷部位、損傷面積、損傷程度，以及受到影響的神經連結。等到每個人（包括賈許溫德）都講出自己的判斷之後，神經放射科醫師就會公布患者的腦部電腦斷層掃描。由於大腦結構功能和心理表現息息相關，透過這樣的討論與交流，能夠不斷深化臨床醫師與研究人員對於大腦結構與功能的認識。簡單來說，就是一個以「科學猜謎遊戲」為始、以深度討論為終，而且往往能讓人感到豁然開朗的過程。

無論如何，我的補助申請獲得批准，而且原本為期三年的博士後獎學金，最終居然演變成二十年的研究工作。每天上午，我會到波士頓榮民醫院花數小時觀察腦傷患者並進行各種實驗研究，這些腦傷最後都藉由今日的神經解剖學、神經生理學、神經電子學方法予以證實與量化。到了下午，我會開車從波士頓市中心到相對來說屬於郊區的劍橋（在那裡找到停車位真是個挑戰），到零點計畫辦公室工作。

一九七二年，我開始擔任計畫的共同負責人，必須處理許多行政事務。我留在零點計畫的主要原因，是基於有機會進行認知發展研究，以及能廣泛地探索各種藝術形式與不同年齡孩童之間的關係。我和一群才華洋溢的同事會特地驅車前往附近的貝爾蒙

（Belmont）、布魯克萊恩（Brookline）、阿靈頓（Arlington）或紐頓等學校的測驗室，與學齡前到中學階段的孩童一同工作。

在學校與精神病房這兩個截然不同的地點，面對孩童與精神病患這兩種截然不同的群體，我和我的研究團隊所要探究的，究竟是一個怎樣的主題呢？[1]

現在，我可以直截了當地回答這個問題。

在孩童身上，我們如同皮亞傑、布魯納等發展心理學者在探索邏輯和科學思考所做的努力，致力於研究**成為成功藝術參與者所需發展的能力與理解力**。在腦傷患者身上，我們按照賈許溫德的方式，研究個體遭到不同部位與型態的腦傷時，會導致**哪些藝術能力受到損害、甚至消失殆盡**。

當然，身為長年熱愛文學的統合者，我一直試圖將這些拼圖拼湊起來，建立起藝術能力的模型，試圖探究——什麼是藝術能力的構成要素？如何匯聚為藝術才能；以及，當不幸遭遇腦傷時，這些藝術能力是如何消逝的？儘管孩童和退伍軍人並非像是拉威爾或柯林斯那樣的藝術家，但我們還是從他們身上獲得許多珍貴的發現。

探索語言使用與大腦的關係

還記得前一章我提過隱喻的創造與理解嗎？這是構成詩歌、故事、小說、戲劇等語言藝術的關鍵要素。我在研究中，會請受試者解釋某個隱喻的意思，或是讓他們（特別是失語症患者）將短語與適當的插圖做配對。就孩童而言，他們在隱喻能力發展成熟之前，往往非常拘泥於字面意義，所以如果你說某人「硬起心腸」（heart hardening），這些按照字面思考的孩子往往會選出擁有「石頭心」的人物插圖。研究團隊把這個發展階段稱為「字面意義階段」（literal stage），有部分成人永遠都不會脫離這個階段。

那麼腦傷患者的表現又是如何？通常人們直覺上的預測是，如果是左腦受損的失語症患者，那麼他們就應該無法領略隱喻；如果是右腦受損的患者，他們的語言區既然沒有損傷，那麼要理解隱喻應該毫無問題。

1 值得一提的是，我同事和我在波士頓榮民醫院設計出兩套療法，不僅效果不錯，名稱也都很有趣，分別是「旋律語調治療法」（Melodic Intonation Therapy，簡稱MIT）及「視覺溝通療法」（Visual Communication Therapy，又稱VIC）。

然而，我們實際上得到的研究結果，卻與上述推測剛好相反。左腦損傷的患者儘管罹患失語症，多數卻能選出正確答案（也就是看來消沉的人物插圖），而且他們看那張擁有「石頭心」的插畫時，有時還會忍不住笑出來。相較之下，右腦損傷的患者儘管語言功能完好無損，通常卻會選擇「石頭心」的插畫，他們的表現和處於字面意義階段的孩童相似。

這個發現為我們對語言及大腦的理解帶來深遠的影響。語法、語音、語義似乎都是由左腦負責（對慣用右手者而言），因此如果左腦損傷，那麼相關神經系統就可能會受損。但是理解「超越字面意義」的能力（除了理解詞語所指稱的意義之外，也能理解背後隱含的意義）似乎是由右腦負責，所以當患者遭受右腦損傷，就會降低對於隱喻、挖苦、諷刺等言行的敏銳度。

離開神經心理學領域

當然（請恕我用以下的比喻形容當時的情況），所有研究者都不過是在拼湊一片巨大拼圖中的一小部分，為這個通往神祕的龐大建築再添一塊磚瓦，這就是溫納、布榮內爾（Hiram Brownell）和我在文字與非文字語言研究上所做的事。我對孩童與腦傷患者做過許多心理學研究，與同事發表過一百多篇經過同儕審查的論文，但我認為當中最重要的還是非文字語言研究，這或許是我在實驗科學領域所做出的唯一重要貢獻。令我感到欣慰的是，這些年來溫納、布榮內爾等研究者持續拓展這個主題，並產出許多後續研究。

無論是觀察性研究或實驗性研究，我總是能夠為研究籌得經費、進行研究、撰寫論文，並在合適的期刊上發表。我的老師布朗曾告誡過我，人人都有一個檔案夾是專門用來裝未發表的論文，但我並沒有讓那個檔案夾的文件繼續增加，我和同事所做的研究，無論是針對孩童、腦傷患者或者兩者兼具，幾乎都能在合適期刊上找到歸宿。[2]

然而，即便在那個久遠的年代，我也已經逐漸清楚，許多人在設計和執行實徵研究上能夠做得和我一樣好，而且有更多年輕學者在新興技術和科技應用上令我望塵莫及。我有時候會打趣地說，我離開神經心理學領域的時機實在太完美了！因為當時更精密的

2 當時論文要獲得刊登比較容易。當頂尖期刊拒絕我們的研究論文時，我也往往能找到其他發表機會。

神經活動測量技術，例如核磁共振和正子斷層掃描，已經逐漸開始被年輕一代的研究者廣泛使用。

技術並非我的強項，我的競爭優勢在別的地方——我擁有高度好奇心、能夠快速且廣泛地閱讀文獻、喜歡統整與再統整；我的寫作風格明快又清晰，能夠針對不同讀者群設定寫作方向，讓一般社會大眾都能理解。就這樣，在接下來幾十年中，我持續審慎地產出通過同儕審查的論文，並一直為科學及藝術領域作育英才。在此同時，我也愈來愈像個作家，努力成為一名公共知識分子（雖然成就有限，但也不容忽視）。身為一個受過心理學訓練的平凡人，我渴望成為自己心目中的超級英雄，就像威爾森和霍夫士達特那樣。

一九七〇年代期間，我是《今日心理學》（*Psychology Today*）雜誌的專欄作者（請容許我自賣自誇，當時那本雜誌的專業性比現在要高出很多）；我定期供稿給《紐約時報》，寫特稿也寫書評；各大報章雜誌都可以看到我的作品；我開始頻繁在媒體上現身，尤其是在公共廣播和晨間電視談話節目中分享個人觀點。二十年前上過廣播音樂節目《少年評審》的經驗，看來也不算完全白費。

沉潛與淬鍊

我也繼續寫書。研究腦傷患者的經驗，讓我在神經科醫師薩克斯（Oliver Sacks）一系列著作嶄露頭角之前，就已經十分熟悉這個較少為社會大眾所知，由失語症、失讀症（alexia）、失認症（agnosia）及其他皮質疾患所構成的領域，也因此，我為克諾夫出版社寫了第二本書《破損的心智：人在腦傷之後》（*The Shattered Mind: The Person after Brain Damage*）。

每個孩子都是小小藝術家，他們有與生俱來的藝術傾向，而且比他們的老爸更富視覺感受性。後來，我將研究自家小孩及其他孩童的作品，撰寫成《藝術塗鴉：兒童畫的重要性》（*Artful Scribbles: The Significance of Children's Drawings*）。當時，克諾夫出版社編輯一直建議我去找另一家更研究導向的出版社，所以我把這本書交給基礎圖書（Basic Books）出版。之後，我把我在《今日心理學》大部分的專欄集結成書，取了相當適切的書名《藝術、心智與大腦》（*Art, Mind and Brain*），也是由基礎圖書出版。

我最有名的著作，或許是一本名為《發展心理學》（*Developmental Psychology*）的教科書。一開始，該領域暢銷教科書作者都覺得我的書很古怪，不過這本書的銷量還是非常好。如前所述，我很擅長統合其他學者的學術研究成果，大可以靠寫教科書賺大錢。然而，我是一個對智識發展有高度渴求的人，我也十分慶幸當時自己並沒有選擇成為暢銷教科書作者。

在我持續筆耕及進行兒童與腦傷患者研究的同時，零點計畫持續快速成長。共同負責人柏金斯和我推動好幾個不同的研究計畫，而且並不局限於藝術認知領域。套句行話，我們正掌管「日益擴張的研究網絡」。事實證明，幾十年來，在內向的小華腦中，原來住著一個相當優秀的管理者，同時還是相當嫻熟的經費籌募專家（雖然我和柏金斯在工作上彼此互補，但同樣的描述也適用在他身上）。

我也有幸加入幾個「無形學院」（invisible colleges），學者們會善用學術會議或其他聚會的時機，討論他們共同感興趣的主題，有些主題往往還未出現在一般人的學術雷達螢幕上。我參加的團體之一是由心理學家、語言學家、溝通專家和藝術專家組成，成員都像古德曼那樣，對不同符號系統的本質與運作深感興趣，因此我們給自己取了很相稱的名號，名叫「符號系統小組」。另一個團體則是由許多比我資深的學者所組成，包括心理學家阿恩海姆（Rudolf Arnheim）、視覺藝術教育家艾斯納（Elliot Eisner）以及音樂教育家萊默（Bennett Reimer），我們會透過社會科學的角度來看待藝術。我也積極參與兩個由神經心理學研究學者所組成團體，一個是「失語症學會」（Academy of Aphasia），而成員多數為歐洲人的則是「國際神經心理學討論會」（International Neuropsychology Symposium）。

當時的我並不屬於任何學院或系所，也沒有教職上的同事，所以這些群體就成了我在學術上的溫暖歸宿。雖然我的情況和其他成員很不一樣，我沒有固定的教職，而是靠由民間基金會捐款的研究計畫過活，但日子還算過得去，甚至可以說過得還不錯，足以撐起零點計畫這個人口漸增的大家庭。

當然，我們在零點計畫中所開展的新研究計畫，並不是每次嘗試都能獲得成功，例如針對幼童的符號能力發展所進行的大規模研究就差強人意，很遺憾最終未能完成。後來，我從研究偉大的歐洲經濟學家莫內（Jean Monnet）中學到一句話：「我們應該把每一次的落敗都視為機會。」矛盾的是，這個雄心萬丈的「兒童早期表徵發展計畫」的失敗，卻促成我構思下一個研究，也就是我最著名的研究——多元智能理論。

相片輯一

霍華德的外公馬丁．威海姆

霍華德和妹妹瑪麗安，大約1954年

霍華德的叔叔弗萊德．加德納（左），和父親魯道夫．加德納

'ONE MORE, PLEASE:' Democratic presidential candidate Adlai Stevenson smiles obligingly today as youthful home movie fan "shoots" film footage. The scene took place at Courthouse Square as the former Illinois governor was seated in an open car awaiting start of the trip to Wilkes-Barre. Hundreds of amateur photographers were in the huge crowd which greeted Stevenson as he appeared in this city. Every one of the camera fans wanted a closeup of the candidate. 10-3-56

Future Student of Leadership

未來的學生領袖霍華德拍攝1956年民主黨總統參選人阿德萊・史蒂文森（Adlai Stevenson）

霍華德攝於堅信禮，1959年

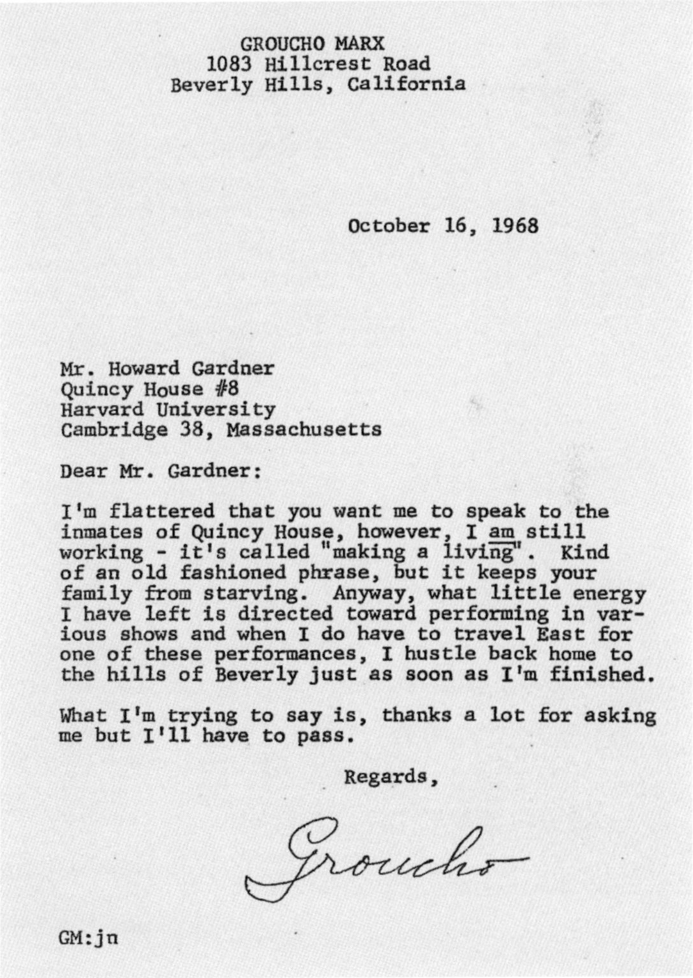

GROUCHO MARX
1083 Hillcrest Road
Beverly Hills, California

October 16, 1968

Mr. Howard Gardner
Quincy House #8
Harvard University
Cambridge 38, Massachusetts

Dear Mr. Gardner:

I'm flattered that you want me to speak to the inmates of Quincy House, however, I am still working - it's called "making a living". Kind of an old fashioned phrase, but it keeps your family from starving. Anyway, what little energy I have left is directed toward performing in various shows and when I do have to travel East for one of these performances, I hustle back home to the hills of Beverly just as soon as I'm finished.

What I'm trying to say is, thanks a lot for asking me but I'll have to pass.

Regards,

Groucho

GM:jn

格魯喬・馬克思的信

UNIVERSITÉ DE GENÈVE

SCHOLA GENEVENSIS MDLIX

FACULTÉ DES SCIENCES

Genève, le 10 avril 1970

Monsieur Howard GARDNER
Harvard University
Department of Social Relations
William James Hall 1257
CAMBRIDGE , Mass. 02138

Cher Docteur Gardner,

J'ai bien reçu et j'ai lu avec grand plaisir vos deux belles études sur Levi Strauss et sur moi. Elles sont remarquables de finesse et de pénétration et je vous en félicite. C'est un plaisir de lire des gens qui vous comprennent et cela n'arrive pas tous les jours.

J'aimerais seulement vous signaler à propos de l'article de Parsons sur mon utilisation de la logique formelle, que Parsons m'a très mal compris. Le mathématicien et logicien Seymour Papert, qui enseigne au M.I.T. et que vous connaissez sans doute, avait fait une réponse pour montrer que ma logique était bien sûr différente du calcul des propositions classiques, mais qu'elle était consistante et répondait bien aux besoins psychologiques voulus. Malheureusement le British Journal of Psychology a refusé de publier cette étude de Papert, pour éviter une polémique. J'ai trouvé cela malhonnête, mais surtout regrettable, parce que Papert disait des choses nouvelles et importantes.

D'autre part, le logicien belge Apostel a fait un article dans le même sens, mais qui n'a pas non plus paru. Par contre d'autres logiciens, et en particulier Jean-Blaise Grize, ont décidé de rééditer mon Traité de logiq en fournissant aux lecteurs des informations suffisantes pour qu'ils comprennent les points de vue nouveaux qu'il contient. Je vous signale tout cela pour que vous puissiez renseigner éventuellement vos lecteurs sur ces points où il y a eu malentendu complet avec les logiciens.

En vous remerciant encore très vivement, je vous prie, cher Docteur Gardner, de croire à mes sentiment les meilleurs.

J. Piaget

J. PIAGET

皮亞傑的信

LABORATOIRE D'ANTHROPOLOGIE SOCIALE

DU COLLÈGE DE FRANCE ET DE L'ÉCOLE PRATIQUE DES HAUTES ÉTUDES

TÉL. 633-78-10 OU
033-61-60 ET 326-26-53 (POSTE 211)

11 PLACE MARCELIN-BERTHELOT
PARIS 5

Paris, April 10, 1970

Dr. Howard Gardner
Harvard University
Department of Social Relations
William James Hall 1257
Cambridge, Massachusetts 02138
U.S.A.

Dear Mr. Gardner,

Many thanks for sending me your two papers which I read with great interest. I fully agree with the parallel you draw between Piaget and I, except that it seems to me that you have overlooked two points. In the first place, Piaget is substantially older than I am and since he started publishing very early he was already read and lectured upon when I was still a student at the University. In the second place, there are in fact two Piagets, the early one with whom I am not in great sympathy and the later one whom, on the contrary, I admire greatly

Concerning your other paper, to be quite frank, the kind of criticism you level at me makes me shrug. I look at myself as a rustic explorer equipped with a woodman's axe to open a path in an unknown land and you reproach me for not having yet drawn a complete map, calculated accurate my bearings and for not having yet landscaped the country ! Forgive me f saying so but it looks as if Lewis and Clark were taken to task for not having designed the plans of General Motors while on their way to Oregon Science is not the work of one man. I may have broken new ground but it will take a great many years and the labour of many individuals to till and make the harvest.

With best regards.

Sincerely yours,

Claude Lévi-Strauss

CLS:eg

李維史陀的信

尼爾森・古德曼

賈許溫德（圖右）和霍華德在派對上交談

布魯納95歲大壽，圖右為作者

《人際之間》(*Man and Men*)一書封面

MULTIPLE INTELLIGENCES
REFRAMING A HUMAN CONVERSATION

第二部

多元智能

——重新建構人類對話

第六章　朝《心智解構》邁進

一九七九年初，當時的哈佛大學教育研究院院長伊維薩克（Paul Ylvisaker）把我叫進他的辦公室。伊維薩克曾擔任紐澤西州的政府官員和福特基金會（Ford Foundation）的撥款專員，此時，他打算找我商討一個大計畫。

伊維薩克告訴我，他是伯納德凡列爾基金會（Bernard van Leer Foundation）的董事，這是一家在美國名氣不大的荷蘭慈善組織。企業家伯納德・凡・列爾的兒子奧斯卡是個特立獨行又志向遠大的人，基於個人興趣，他正在找人進行與人類潛能的本質及實踐相關的研究。伊維薩克想徵詢我和同事拉斯克（Harry Lasker），是否有意願擔任該研究的計畫主持人。

我沒聽過該基金會，跟拉斯克也不熟，而我和院長之間的關係，充其量只能說是以禮相待。一九七二年，當時伊維薩克院長新官上任三把火，為了籌募資金，曾試圖結束零點計畫。後來，零點計畫能免於上斷頭台，完全要感謝院長的親姐妹紐森（Barbara Y. Newsome）和謝富勒（Israel Scheffler）出手干預：前者在知名的紐約基金會工作，後者是哈佛風評極佳的資深教授，她數十年前曾是古德曼的學生，之後又成為同事。我的職業生涯和零點計畫這個名字古怪的組織密不可分，也藉此和哈佛持續保持關聯。如今，零點計畫已進行超過半個世紀。回想起來，我實在欠紐森和謝富勒很大的人情，對他們和伊維薩克院長真有說不盡的感激。

面對院長的詢問，我審慎地思考。套用我的導師艾瑞克森的話，我是個「有才華，但無處可去的年輕學者」。當時的我既非哈佛教授，也不是波士頓榮民醫院的醫學研究員，亦非公認的公共知識分子。我更不想定位自己為心理學教科書的作者，並以此留名。所以，在思考過後，我毫不猶豫地答應了院長。

接下來五年，我成了哈佛「人類潛能計畫」（Project on Human Potential，簡稱PHP）的主要研究員與主持人，該計畫給予我許多資源和自由度，進而開創多元智能理論，並著述討論。

初探人類心智

身為計劃的主要研究者，我做了幾個重大決定。首先，我給自己一項任務——**統整所有關於人類認知潛能的知識**。既然我已經寫了兩本書名都有「心智」的書（《心智的探索》和《破損的心智》），也即將要出版第三本（《藝術、心智與大腦》），那麼以「人類心智潛能」為研究主題，應該是合情合理吧。拜這個資金充裕的計畫所賜，我也重啟之前因種種原因而中斷的兩個研究。

完成《破損的心智》（一九七五年出版）之後不久，我開始擬定下一本書《心智的種類》（*Kinds of Minds*）的大綱。當時，我已經花了好幾年時間研究人類心智的發展與消逝，並開始思考，是否能透過理論來清楚描述人類心智的種類，就像我們談論不同的感覺、性格或抱負時那樣。然而，這個撰寫計畫遭到擱置與遺忘。（或許也可說是被壓抑？）直到幾年前，我才從一箱陳年檔案中發現這份大綱。我的指導教授布朗曾安慰我說，他和同事都有一個專門裝著未出版論文的檔案夾。我想我很適合代表那些充滿雄心壯志的作者們發言，我們都擁有成箱為了撰寫書籍而蒐集的資料，它們始終還沒被完成，甚至就這麼被淡忘，逐漸從記憶中消失蹤跡。

第二個計畫則是有關幾年前，我和年輕同事沃夫（Dennie Wolf）進行的研究。我們刻意仿效皮亞傑所開創的研究方法，研究兒童在符號使用能力上的發展歷程。皮亞傑以他的三個小孩——洛朗、露西安妮和賈桂琳為研究對象，長期進行簡單但巧妙的觀察實驗，來考察所謂「康德範疇」（Kantian categories）的起源與發展，也就是孩童如何獲得**時間**、**空間**、**數字**、**因果關係**等基本心理認知結構。依照康德的說法，一切經驗都可以被理解、處理、運用和轉化為這些認知結構。舉一個知名的例子來說，皮亞傑發現八到十二個月大的嬰兒，即使親眼見到物品被移走，仍會到物品原本擺放的位置去尋找，而不會循著物品被移走的方向去尋找。

我們決定研究波士頓地區的九名孩童，雖然樣本規模很小，但也已經足足是皮亞傑的三倍。我們和研究團隊透過每週觀察及非正式測驗與評量，檢視兒童在語言發展（特別是象徵性語言及說故事）、音樂表現、平面描繪（素描）、立體表現（黏土捏塑、積木組裝）、肢體表現（舞蹈）上的能力表現。請注意，上述每種能力都與藝術有關，這顯示出零點計畫早年的研究重點。我相信任何熟悉多元智能理論（雖然當時此概念尚未出現在我的腦海裡）論點的人，一定可以看出這些符號使用能力和我後來提出的各類智能之間的關係，儘管兩者之間存在一些差異，但這些差異同樣極具意義。

我們還檢視兒童數字精密化能力的發展，來當作對照組的符號系統。這種符號使用形式是科學思維的核心，雖然與藝術的相關性較低，但能夠更直接將我們的研究與皮亞傑及其他主流發展心理學家的研究串聯起來。

我和沃夫共同度過一段愉快的合作時光，一同分析大量資料，並根據早期研究成果發表幾篇論文。從孩童遊戲的行為模式可以看出一個有趣的對比。在這九名孩童中，有一些孩子被我們稱為「圖案創作者」，他們拿到玩具時不會多說什麼，但總能組合出許多有趣且複雜的空間配置；其他孩子我們稱之為「戲劇家」，他們比較喜歡口語表達、說故事、玩扮家家或演戲。

令人感慨的是，絕大多數終身致力於研究的人都得承認，並非所有研究計畫都能順利完成。問題可能出在蒐集到的資料屬於誰、該如何分析、如何撰寫論文等，以及最重要的，我們該採取何種形式來傳遞一個怎樣的整體故事。如今幾十年過去，歸咎誰對誰錯已毫無意義。總之，當時我最後選擇放棄，將所有研究資料都交給沃夫。即便當年的研究對象都已經四十幾歲了，這份研究卻從未正式發表；對於皮亞傑認知發展架構的嚴謹反駁或補充，至今依然付之闕如。「兒童早期表徵發展計畫」的黯然落幕，或許是我身為實徵研究者的最大遺憾。

無論如何，我們開啟一項巨大工程，嘗試探索人類潛能的本質與實現，並讓我至少在以下三個方面，遠遠超越我早期的思考與實徵研究。

第一、我關注的範疇顯然已經超越了藝術（這種認知形式當然很重要，但仍然有其局限），也試圖研究人類思維的全部範圍。

第二、我跨越原本的發展心理學專業，進入更寬廣的心理學研究範疇，並延展到更廣泛的領域，像是從人類學跨足到遺傳學。這樣的進展可說是社會關係系的擴充升級版。

第三、我獲得意料之外的寶貴機會，能到美國以外的地方，進一步審視我所關注的議題。

後來，我和史賓塞基金會（Spencer Foundation）的負責人詹姆士（H. Thomas James）會面。史賓塞基金會總部設在芝加哥，從我獲得博士學位以來，該基金會就一直資助我們的研究。相較於當時許多基金會將資金挹注在社會科學與生物研究上，史賓塞基金會大力贊助教育領域研究，誠屬難得。

當時，我已經擔任零點計畫共同主持人一段時間，不確定下一步該把計畫帶到什麼方向，於是我把這個窘境告訴詹姆士。詹姆士聽完便毫不猶豫地說：「要不就把計畫推上國際舞台……要不就幫計畫辦場體面的葬禮。」我決定選擇前者，也帶領零點計畫一步步朝這個路線發展。

擴展跨文化視野

凡列爾基金會為期五年的研究經費（最後變成六年），讓我們的計畫團隊有機會拓展視野。為了探索人類認知的範疇，我們不僅廣泛地閱讀歷史與跨文化類書籍中提及的各種人類潛能，還盡力邀請世界各地相關研究者進行分享，更親自到世界各地訪查。我之前多次造訪歐洲，但從未去過其他地方。多虧有凡列爾計畫的充裕預算，我不但拜訪歐洲許多研究機構（光是基金會在海牙的總部就去了至少六次），還到亞洲（中國、日本、香港，後者當時是大英帝國的殖民地）、拉丁美洲（墨西哥）以及北非（埃及、塞內加爾、甘比亞），參加各地的國際會議。

我之前提過，我比多數人都內向。不過，出國訪問的親身經歷讓我明白，有機會體驗不同的文化絕對是必要的；能認識不同國家的學者、企業家和一般民眾，與美國以外的不同人士交換資訊並一同合作，更是何等珍貴的經驗。我更從中磨練面談的技巧，學會精準提問，讓問題能夠準確地譯成其他我不會的語言。

我不能說我們在每個地方都能進行系統性研究，但有機會接觸各種陌生的想法和思維方式，對我們探索人類心智的遠大目標來說，實具彌足珍貴的意義。無疑地，這樣的機會使我們的研究更加國際化，跨越了國與國、人與人之間的界線，而不是將自己封閉在社會學所謂的「高級」文化之中。也多虧有「人類潛能計畫」以及詹姆士的建議，後來我思考很多事情時，不再只把眼光局限在國內，更會放眼全球。

也許有人會說，這似乎沒什麼大不了的，但在我完成這本回憶錄的當下，世界各地民族主義當道，仇外情緒升溫，此時此刻，「四海一家」的概念更形重要。人類潛能極有可能、也應該具有全球共通性（雖然這個主張可能較有爭議）；這同時也是《世界人權宣言》（*Universal Declaration of Human Rights*）的中心思想，這份宣言至今已有七十年歷史了，但很可惜地，違反者眾，遵守者少。所謂「全球」，不應該只局限於每年在達沃斯（Davos）舉辦的「世界經濟論壇」（World Economic Forum），而應該包括宣言中所涵蓋的所有人。

擬定人類智能

「人類潛能計畫」團隊每天、每週的任務是什麼？在為期四十個月的研究歲月中，我又做了些什麼？首先，我的研究團隊從兩人漸漸擴增至五人，我們一同深入探索許多有趣的文獻資料，研究的焦點不只是人類大腦，更擴及到遺傳學領域，我們想知道哪些人類特徵是會遺傳的，以及遺傳影響的程度等等。

我們調查以心理統計學方法獲得的發現，包括：智能、人格、動機、情緒與性格測驗。我們調查人類學的研究結果，包括：能力、行為、工作與休閒活動的研究，範圍遍及全球，涵蓋各種文化，甚至包含尚無文字的文化（例如南太平洋加羅林群島的普魯瓦特水手），以及比西方文化更古老、也可說是更複雜的文化（例如中國）。我們探究人類歷史和史前史，思考許多議題，包括：對進步和可能性的信念；輪迴觀；相信道成肉身及轉世投胎；還有反烏托邦的觀點，從「人類的墮落」開始。我們甚至對於人類的進步、潛能、與「人」的本質概念進行哲學分析。

我的學術專長是閱讀、提問、討論、統合與書寫，所以對我而言，這個計畫真是我心目中的夢想工作。我和研究團隊每週都聚會討論，有時甚至天天見面。我尤其喜歡和哈佛教育學院一群資深同事定期討論，像是社會心理學家雷瑟（Gerald Lesser）、人類學家萊文（Robert LeVine）、哲學家謝富勒與社會學家梅麗・懷特（Merry "Corky" White），以及世界各地的學者，還有我同事拉斯克。不過當研究到了最後收尾時，主要還是由我獨自完成。

不管是在我的居家時間、週末時光或是長途旅行中，家人總是看見我拿著紙筆，試圖擬定出各種人類智能的分類方式。有些分類方式和學科本身的學術分析模式與方法有關；有些分類方式與觀察和描述不同角色、職業、專長有關；有些分類方式和人類能力與天賦的特殊差異有關；有些則需要考察大腦的不同區域或世界的不同地區。我寫了成堆的智能分類手稿，我猜當時應該沒人想反覆閱讀或重新檢閱它們，大家通常是基於禮貌性地耐心聽我說，有時讀讀我的列表和草稿，並給予一些回饋。對我來說，不斷為人類智能做更好的分類是我的執念，我就像唐吉訶德那樣義無反顧地追尋理想。

候選智能的標準

後來，我擬定出十幾種可能的人類智能，有些來自我們團隊的研究，有些來自文獻探討，有些則是由團隊討論和辯論中所得。然而，還是必須考慮許多課題：這些智能和人類的感官系統（視覺、聽覺、觸覺）之間的關聯是什麼？以及，這些智能涵蓋的領域範疇與規模，例如：語言智能是一種單一的智能嗎？還是一堆個別能力的綜合，像是音韻、語法、文學、隱喻、口說、書面等等？另一個待解的問題是，這些人類智能必須局限在解決問題的技巧（傳統心理學家對認知的看法）？抑或是應該更廣泛地延伸到創造、發明新產品或提出新構想的能力？

我同時苦惱的另一個課題是：我們究竟應該依據什麼標準，來判斷哪些認知能力有資格列入智能候選名單？最後，我從不同的領域和各種知識體系裡取材，理出八個能力標準：

1. **有可能因大腦損傷（遭到破壞或免於破壞）而區隔出來的能力**。

2. **在單一能力展現出過人才能、其他能力則相對較弱的特定族群**，例如天才、學者症候群者。

3. **可識別的核心運算或集合運算**。此處我直接運用電腦的模式：我們可以識別出對推定之能力來說獨特的運算（我使用「基本資訊處理運算」這個詞彙）嗎？

4. **獨特的發展史，以及可定義的一組專門「結果狀態」表現**。此處仰賴的是我過去在發展心理學所受的訓練。任何一種重要智能都必須經歷從初始狀態開始一連串步驟或階段的過程，最終充分發展成一種專業智能。這個觀點無疑是受到皮亞傑的影響，不過我又予以擴充，納入理解的藝術與社會及科學方法。和皮亞傑不同的是，我並沒有假定這些能力可能隨著不同的發展階段而出現，以及某種形式的認知可能比其他形式的認知較成熟或較不成熟。

5. **演化史和演化可信度**。雖然現在稱之為「演化心理學」（evolutionary psychology）

的領域鮮少有人研究，但如果我們尋找的某種候選智能，符合某種生存需求以及能夠演化至今的證據，那麼該智能就更具可信度。

6. **來自實驗心理學作業的支持**。在過去的實驗心理學研究中，已經探究過許多候選智能的運作情形。我則對於個體同時進行兩項活動時不同能力之間的關聯程度很感興趣。舉例來說，大腦對於音樂訊息的處理會不會干擾或促進語言訊息（或者對數字訊息）的處理？此外，我也好奇於當個體專通於某種特殊的認知能力（例如：空間），是否和其他的認知能力（例如：語言或內省）互有關聯？同樣的道理，其他重要的認知能力（例如：注意力或知覺力）的局部或普遍性又是如何？

7. **來自心理計量學研究結果的支持**。雖然我的研究是對標準化測驗（IQ測驗）進行批判，但我當然也想提出一套測量方式，來探討至今建立起的不同智能之間的關聯程度。這個標準結果是最具爭議的，因為許多心理測驗都指出，聲稱能夠測量各種人類能力的表現彼此互有關聯。套用術語來說，許多心理測驗之間存在多維正相關。

8. **容易受到符號系統標記的影響**。這點我深受哲學導師古德曼和哲學家蘭格所影

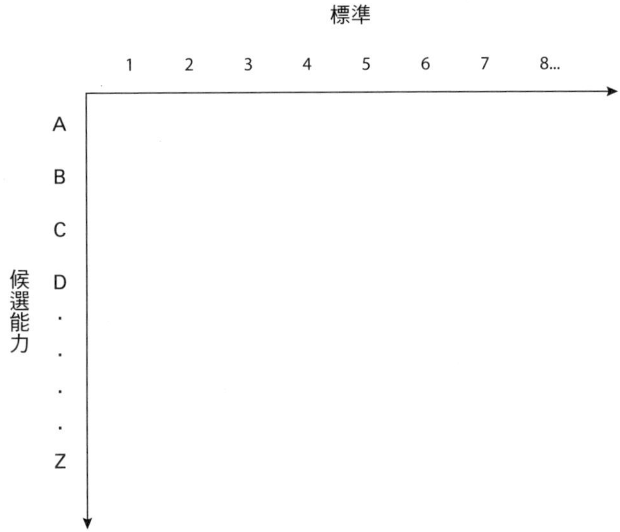

響。我認為人類可以運用符號系統來表達知識，像是具有原始運算基礎（如標準3）和演化基礎（標準5）的能力，能夠運用保存、珍藏、潤飾或稍做轉化的能力，並將知識傳遞給下一代。正如我在《心智解構》一書中所述，「雖然智能可以在沒有特殊象徵系統的情況下進行……但人類智能的主要特點，極有可能是其『自然』趨向符號系統中的具體化。」

以上，就是評斷候選能力的標準。我並將這些概念系統化為上圖。

重新建構人類心智

此外，還有兩個任務。首先，我必須篩減清單中的候選能力，選出最符合標準的人類智能。然後，我必須給那些選定的候選智能適切的名稱，最後再為整體智能命名。

第一個任務花了我最多時間。我最後列出七種智能，以及可能會運用到該智能的職業，不管這項職業是出現在現代社會或傳統社會裡：

1. **語言智能**：律師、詩人、記者、說書人會用到的能力。
2. **邏輯－數學智能**：科學家、會計師、電腦專家、經商者、計時員會用到的能力。

注意：前面這兩種智能，幾乎是所有西式學校（特別是上個世紀以來的西式學校）最重視的能力，也是智力測驗通常會測量的能力。因此，當人從事的職業或興趣和學校教育愈相像，IQ測驗預測該職業或興趣表現就愈準確。

3. **音樂智能**：作曲家、演唱家、器樂家、領唱者、即興創作者、樂迷、樂評會用到的能力。

4. **空間智能**：能以三度空間準確思考，如領航員、機師會用到的能力；或是能夠以內在的空間世界處理複雜問題，如棋士、地圖繪師、雕塑家會用到的能力。

5. **身體動覺智能**：善於運用肢體，如運動員或舞者或獵人所具備的能力；或是能夠運用精細動作，如編織家或弓箭手、實驗室技術人員或外科醫師所具備的能力。

最後，有兩個智能與對人類的了解有關：

6. **人際智能**：和他人打交道時所具備的知識和技巧，如政治領袖、銷售員、宗教領袖、智者、薩滿會用到的能力。

7. **內省智能**：具有自知之明，並能據此做出適當行為的能力。我常打趣說，只有深具洞察力的心理治療師，才有**資格**去評斷他人對自我的認識。我們多少都可以想到一些能夠反省自己的人，他們從經驗中學習，能了解自己的情緒與感受，並推想自己該怎麼調整。相反的，有些人則不論其IQ高低，似乎很難自我察覺，也因此一再犯下相同的錯誤。

或許你也想到了，最後這兩種能力常被描述為社會及情緒能力；後來它們和「智能」一詞掛勾，就成了「情緒智能」（emotional intelligence）和「社會智能」（social intelligence）。*

你瞧，我把這個詞寫出來了！把清單付梓、公諸於世前，我必須先為這些能力**命名**，決定要給這些能力、這幾種心智**什麼名號**。我是在什麼情況下決定稱這些能力為「**智能**」呢？我真希望我記得，但如今卻已不復記憶。這項決定如今看來具有關鍵性的影響，甚至可說是改變了我的人生。但我記得的是，當時我花了好幾年辛苦地確認候選能力、闡明評判能力的標準，並提出七個關鍵智能，最後「讓一切不同凡響」的，卻是這個英文讀起來簡單、四個音節的複數名詞——「智能」（intelligence）。

雖然我們無法做實驗來證實這個想法是否正確，但我相信如果當初我沒有選擇用「智能」，而是用其他的名稱，像是七大**能力**（capacities）、七種**素養**（competences）、七種**心智**（kinds of minds）；這讓我聯想到數年前，我草擬好大綱的那本未竟之書）、或七種**天才**（talents）、或是七種**天賦**（gifts）；或甚至用我厭惡的詞彙——七種**學習風格**（learning styles），那麼或許今天我就不會有這本回憶錄可寫，也不會聲名狼藉到這種程度。沒錯，毫無疑問的，因為我刻意選擇取用「智能」一詞，因而吸引了廣大讀者的注意，包含那些受過良好教育、有權有勢的中產階級。

從偉大的法國心理學家比奈（Alfred Binet，1859-1911）使用「智能」一詞以及「智力商數測驗」（intelligence quotient test）或「ＩＱ測驗」，後來ＩＱ在許多西方世界裡便具有很特別、甚至近乎神聖的意義。我們都希望自己的智商高，也想結交智商高的朋友，更重要的是，我們希望自己的孩子智商高。[1]

然而，那樣的能力該怎麼傳達給世界會最好？當然是做一份含有簡答題和選擇題

* 編注：作者此處提及的「情緒智能」和「社會智能」，是指由丹尼爾・高曼提出的概念。

1 撰稿時為二〇二〇年，我注意到美國總統川普常常用ＩＱ低來界定他人。請見https://www.multipleintelligencesoasis.org/blog/2019/6/4/trump-and-iq和Valerie Strauss, "Howard Gardner, Father of 'Multiple Intelligences' Theory, Unpacks Trump's Narrow View of Intelligence," *Washington Post*, February 1, 2017

的測驗，接著計算自己正確或錯誤的題數、算出總分，然後把你的表現和其他人相比。如果你的表現和其他人一樣好，那你就是**普通**。如果你的表現較佳，比方說比平均值高一個標準差，就代表你是**聰明**；如果你的表現不如同儕，那麼代表你是**笨**或**蠢**，或用政治正確的字眼來說，就是**遲鈍一點**，或是「好棒棒」。如果你比平均值高兩、三個標準差，那麼在鐘形曲線一端的你會被捧為「天才」；低於平均值兩、三個標準差，那麼在鐘形曲線另一端的你會被歸入「低能」或「白癡」之列。顯然地，智力測驗的發明與實施成為心理測驗的顯著成就，但同時，它也是非常危險的。

一旦選定「智能」這個名詞，身為學者的我還必須定義何謂智能。事實上，這些年來，我一直不斷地修正對於智能定義的實際用字。我在一九八三年出版的《心智解構》中，曾用非學術性語言提出我的想法：「人類智能必須有一套解決問題的技巧，讓個人能夠解決他／她所遭遇的真正問題或困難，並且於適當之時產出有效成果；人類智能也必須包含找出或開創問題的潛能，才能為獲取新知識打下基礎。」

將近四十年後，當我再次回顧《心智解構》中對於智能的定義和標準，我發現當時的看法恰如其分，這讓我大大鬆了一口氣。我在書中寫著：「有套演算法來選擇智能，自然是最好……然而現在，我們必須承認，選擇（或剔除）候選智能比較像是藝術判斷，而不是科學評量……我選擇智能的過程確實朝向科學的方向，從我公開評斷的根據便可知，如此一來，其他研究者就能審查證據，並做出自己的結論。」

當時的我已經為自己建構起的理論，做好決戰的準備。再見了！無所不在、信奉單一智能的ＩＱ測驗，讓我們張開雙手歡迎多元智能。即使多元智能的評鑑模式尚未定案，但我已經迫不及待想看到，世人對這些嶄新卻大膽的統合思想作何反應。

人生中途的插曲

現在，且容我暫時岔題。正如我一開始所言，這本回憶錄和多數的回憶錄不同。本書不盡然是我的個人回憶錄，也不是一本完整的自傳，而是著重於我的想法（特別是對於多元智能理論），以及對我自己心智的分析（我認為自己屬於統合心智）。

我從自己的童年開始寫起，一直到提出多元智能理論，大部分是按照事件發生的年代順序進行書寫——我就學於斯克蘭頓、懷俄明中學到哈佛學院，關注的焦點從歷史、社會關係到發展心理學與神經心理學，也從一名年輕的菜鳥寫手，成為各種文類都游刃有餘的專業作家。

在本書後半部，我仍會繼續陳述我的想法與人生大事，並且酌情敘明事件日期。但因為我的焦點逐漸轉移——從多元智能理論的發展到該理論在學術圈與大眾的迴響，從統合心智的發展到其運作與成果分析，因此，我會改以主題而非按時間順序，來敘述我後半輩子的人生。

此外，雖然本書無意談論私事，畢竟要探討的不是我的愛情生活或政治立場，但對於那些如但丁（Dante）所言「人生中途」（the middle of life）的事件稍作說明，對我來說也是重要的。就像下面這個事件。

一九八一年十一月，某天我接到弗倫德（Gerald Freund）的電話。當時他在芝加哥的麥克阿瑟基金會（MacArthur Foundation）推動一項計畫。我和許多學者一樣，都聽過該基金會舉辦、人稱「天才獎」的研究獎項，我之前甚至曾表示，我有興趣以那些得過獎項的人為對象進行研究。當時，印第安納大學的語言學者西比奧克（Thomas Sebeok）告訴我，他提名我角逐該獎項。不過，因為我天性並不樂觀，所以從未期待自己能獲得這個獎金為十九萬六千美元（免稅，共分為五年核發），並全額負擔所有醫療費用的獎項。[2]

真沒想到弗倫德竟會在電話中恭喜我獲獎。還記得我接到電話時，眼眶不禁泛淚，長期以來壓在胸口的大石頭彷彿突然卸下一般，令我鬆了好大一口氣。大概有將近十年的時間，我一直為不穩定的薪水與生活疲於奔命，進而連累我的家人。如今，有了這一筆意外之財和附帶的名望，我去找學院的院長葛拉漢（Patricia Graham），她是繼伊維薩克之後的院長。我告訴院長，如果我不能在五年內升上教授，我就會另謀發展。這不是在威脅她，在高傲的哈佛，除非你使用負面的言詞，否則抗議不會有任何效果。葛拉漢院長向我保證，五年內我一定能成為教授，會給我一個更新的、永久的頭銜。

在此，我也想向讀者分享我生命中最私人的部分。

我大學畢業後認識茱迪，兩人墜入情網，不到一年就結婚，共養育三個小孩——凱芮思（一九六九年生）、杰（一九七一年生）、安德魯（一九七六年生）。茱迪是很好

---

2 相當於今日的六十二萬五千美元，不含那些誘人的附加費用。

的人，深受同事與朋友的喜愛。不管我們之間發生任何不和睦，我都要負一半以上的責任。我在一九七〇年代初期與溫納相識、相愛。經過深刻的自省，我決定向茱迪提出離婚。毫無疑問，這是我這一生經歷過最痛苦的事情，我的選擇給我們這個小家庭和大家族加諸許多痛苦，至今我一想起此事，還是禁不住瑟瑟發抖，甚至有好幾十年，每當電影或電視劇中觸及離婚議題，都讓我怵目驚心。

溫納和我於一九八二年結婚，四年後，我們從台灣領養了當時還是嬰兒的班傑明。茱迪和我雖然離異，仍共同撫育子女；而溫納是相當稱職的繼母。一九九四年，茱迪因為腦動脈瘤而撒手人寰，她的離去，讓全家人又重新經歷一次身心上的調適。我想，我們算是熬過來了。如今，班傑明已經長大成人、結婚生子；我的孫子奧莉薇亞（班傑明和金妮的小孩）、奧斯卡和艾姬（杰和珍妮的小孩）、菲瑪格莉塔和奧古斯皮爾（安德魯和凡妮莎的小孩），全都加入我們這個大家庭。在我的生命中，家庭始終是最重要的。或許正因如此，我才希望這本以學術為主軸的回憶錄能和私事有所區隔。

第七章　多元智能理論掀起的波瀾

在本書前言，我提到那個讓我永生難忘的演講經驗，那是在《心智解構》一書出版後不久。在那之前，我是個研究發展心理學和神經心理學的年輕學者。雖然當時的我沒有固定教職，但靠著哈佛教育學院零點計畫以及波士頓大學醫學院附設波士頓榮民醫學中心的補助款，日子還算過得去。

我善於統合，也是多本教科書和一般書的作者，平時會發表經過同儕審查的論文，偶爾也在媒體上撰寫文章與評論。有時我會到哈佛教書，也在附近的克拉克大學（Clark University）授課，有年夏天還在多倫多大學兼課。但從一九八四年《心智解構》出版後，不管後果是好是壞（其實是也好也壞），我開始和「多元智能」脫不了關係。

如果你在美國出書，你會先留意有沒有人注意到你的書，因為每天都有幾萬冊書籍出版，能被注意到就是很了不起、非同小可的成就。毫無疑問，《心智解構》受到眾人注目，很多人對此評論，而絕大多數都是好評。評論者表示，即使公共知識分子李普曼（Walter Lippmann）在六十年前就以極具說服力的論述，抨擊以「單一測驗來衡量單一智力」的想法存在缺陷，但從未有人（當然也沒有任何一位心理學家）提出存在好幾種不同智能的主張；當然，更不會有人為多元智能下定義、命名，並提供判斷標準及實徵證據。坦白說，對非學術專業的讀者或評論者而言，要對這本由出身於顯赫學府學者所撰述的四百頁巨著（還附帶幾百條注釋）提出異議，並不是一件容易的事。

前進電視媒體

我常說，「多元智能」理論的**優點**，就是可以用一句話概述：「有個叫加德納的人，宣稱我們具有七種不同的智能，就叫做『多元智能』。」不過這也是此理論的**缺點**，用一句簡單的話把這本巨著說完，很容易產生許多錯誤又武斷的結論。用這本回憶錄的語彙來說，提供一個至為簡略的統合概念雖不無可能，但那樣的統合卻很容易誤導大眾。確實，如果我們快速地翻閱各家心理學和教育領域的教科書，就會發現充斥著許多對於

「多元智能」理論的不當摘要與錯誤論述。

除了平面媒體一面倒的好評之外，廣電媒體對本書表現出的極大興趣也令人振奮。現在，如果這類書籍得到媒體青睞，有可能是邀請我上「美國全國公共廣播電台」（National Public Radio）或國外的「英國廣播公司」（BBC）進行討論。但是數十年前的媒體生態和今日大不相同，不僅沒那麼嘈雜混亂，也比較深思熟慮；我經常受邀在電視頻道談話，包括大家很熟悉的晨間談話性節目，類似今天「美國國家廣播公司」（NBC）電視台的《今日秀》（*Today*）。不過，今天的媒體是否仍對像這樣的學術巨著感興趣，就不得而知了。

《心智解構》出版後不到一年，BBC就來跟我接洽。電視紀錄片製作人弗里斯（Martin Freeth）想要做一系列七集的節目，每集探討一個特定智能。後來這個節目取名為《生命線》（*Lifelines*），我和節目團隊積極地籌備節目內容，我並為每集節目安排訪問不同的學者、名人以及地點。有一陣子，我想像自己有可能成為電視圈名人，有天能步上天文學家薩根（Carl Sagan）的後塵，或更可能走上我的哈佛資深同事、經濟學家高伯瑞的路（見頁二五八，收錄該系列節目的手冊封面）。

很可惜的，最後這個節目的企劃不了了之。新的製作人取代了弗里斯，而他想改掉智能列表，把我的角色從主持人換成評論人，而且最誇張且可惡的是，他要我去整頓牙齒，還有動手術矯正斜視！我憤而決定退出該節目企劃。這個決定震驚了ＢＢＣ高層，他們特地搭機前來，想挽回我的心意。雖然能在ＢＢＣ規劃一系列節目是個難得的機會，但是我心意已決，也從未後悔。然而這個經驗也讓我開始發現，「被多元智能理論俘虜」所代表的意思，情況有可能已超出我所能掌握。

迎戰各界批評

我逐漸成為一個名人，開始擁有高知名度，自然也成為眾人議論的對象。短短幾年內，各種評論與批評如雨後春筍般出現在學術期刊。學界普遍認為我為心理學的認知與智能領域帶來嶄新思維，但眾人的共識也僅止於此。

其他心理學領域的學者，對我的研究通常還有較多認同，或者至少能夠保持「尊重」；相較之下，智能及心理計量學領域的學者則是砲火猛烈，甚至可說充滿敵意。在那些批評者的心目中，比奈對於智力測驗提出的獨創理論，以及測驗專家將其標準化的努力，標示著二十世紀心理學研究與應用的主要成就。他們相信各種智力測驗之間具有多維正相關，如果有人在某個智力測驗表現良好，那麼他在另一個測驗通常也會表現良好。而且他們主張ＩＱ基本上是固定的，從你四歲時的智力，就能大致預測出四十歲及以後的智力。

如今，突然間有個外人——不是圈內人，對心理測驗也涉入不夠深，連哪所學校的終身教職都還沒拿到——竟然宣稱要推翻數十年來、由數十名研究者累積起的成就與共識。這個叫加德納的傢伙，威脅要推倒昂然聳立的智力大廈，摧毀數十年來辛苦建立的智商殿堂。而且，他並沒有提出一組新測驗，不管是已經證實或是準備好要驗證的都沒有，他只不過從雜七雜八的證據中取材，有些來自不同文化、職業，有些來自不同的歷史和史前史；甚至來自不同的大腦部位，此部分研究還被蔑稱為「新顱相學」（the new phrenology）。

多年來，上述批評或類似的批評聲浪持續出現，不僅證明了多元智能理論的體質強健，也證明這個理論有惹惱一大票「真正的」主流心理學家的潛力。除了大量各有千秋的批評文章和演講之外，坊間還出了一本書《對霍華德・加德納的批評》（*Howard Gardner Under Fire*）。在這本洋洋灑灑四百頁的書中，多名心理學家對著多元智能理論時而又敲又鑿，時而大力劈砍。而我，則態度恭敬、但也有憑有據地盡力回覆。

接下來，請容我列出對於「多元智能」理論批評最激烈（不見得是最寶貴）的指教，並詳述我如何回應：

批評一：「多元智能」理論缺乏實徵基礎

一些批評者將**實徵主義**（empiricism）與**實驗主義**（experimentalism）混為一談，認為多元智能理論缺乏實徵基礎。我的確沒有創建多元智能測驗，也並未透過實驗研究，來確認各項智能之間的關聯性與關聯程度。就多元智能理論來看，我始終不是一個實驗主義者。

然而，多元智能理論幾乎完全是以實徵研究的發現為基礎，這些發現源自於諸多學科領域（如：人類學、遺傳學、神經學、社會學），以及各種不同群體（如：天才、學者症候群者、生活在無文字社會的人）。一切都是基於廣泛性的統合研究，即便是理論有所改動（像是我增加了自然觀察智能，並再審慎評估其他候選智能），也是基於新出現的實徵證據，而不是因為一時興起。

批評二：「多元智能」是老掉牙的理論

瑟斯頓（L. L. Thurstone）、魏斯勒（David Wechsler）等早期的心理學家，就已經提出許多不同的智能類型，或是將IQ細分為各種不同的能力組合。照這樣來看，說多元智能理論「老掉牙」似乎也算符合事實，畢竟我絕對不會是第一個主張「社會智能」可能存在的人。

但值得注意的是，過去並沒有人提出完整的一組智能，並詳細說明其來源及運作方式。過去一些心理學家已經描繪出多種智能的樣貌，有些人探討的層面較為寬廣，有的則專注在特定某些智能。關於這點，我確實要向卡羅爾（John Carroll）和吉爾福（J. P. Guilford）等前輩致上最高敬意。然而，這些智力理論要不是完全基於現有測驗（如卡羅爾），就是有很高的推測性質（如吉爾福）。我所提出的這套多元智能理論，既不是眾多心理測驗的產物，也不是單一傑出心理學者想像的產物，而是源於多種理論的統合之作。

批評三：ＩＱ是人生成敗的關鍵，其他都是次要

這種觀點顯然認為智商愈高愈好，就像人們覺得身體愈健康愈好，最好身高和體重都要位於常模之內。即使從多元智能理論的觀點來看，也必須承認ＩＱ確實有其重要性，尤其是在與智力測驗內容相關的工作與日常生活任務上。如果你未來想投身教育界（例如擔任教師或研究者），ＩＱ是個滿不錯的能力水準判斷指標；當你晉升管理階層，ＩＱ也能用來判斷你面對新的技能與職務時，是表現得還不錯或者有機會脫穎而出。然而，當我們想判斷一個人在非學術或不那麼學術領域（例如：藝術、體育、政治、心理治療、銷售等）中的能力水準時，如果單靠ＩＱ進行預測，結果往往就會失準。

事實上，「ＩＱ至上」擁護者可能根本是在拿石頭砸自己的腳。首先要考慮的是：ＩＱ測驗內容會隨時代而有所改變。不僅是測驗項目會發生變化（例如：現在的測驗已經不再問那些上流社會才會熟悉的字詞定義，也不再問那些特權情境中哪件事情才是正確的），連測驗型態也會發生變化，例如：瑞文氏標準推理測驗（Raven's Progressive Matrices test）是讓受試者完成一組有理可循的視覺圖形，測驗中只有幾何圖形，完全沒

有文字。

更重要的是，母群的ＩＱ結構也已經發生改變。過去幾十年來，全球人口的平均智商提升了一個標準差，也就是所謂的「弗林效應」（Flynn effect）。簡單來說，當母群分布出現大幅變化，過去用來判斷一個人智能高低的標準自然已未必適用。因此，ＩＱ測驗的內容、型態及母群結構的改變，都嚴重限制了「ＩＱ至上」觀點的合理性。

值得一提的是，「多元智能」觀點常讓學者們覺得不自在，畢竟學術界在進行研究和討論主要特徵之一，就是非常重視特定的語言和邏輯組合。然而，如果有位學者剛好家中孩子有一種甚至更多種學習障礙的話，情況往往會突然出現改變。毫無意外的，他們會馬上成為「多元智能」理論的信徒，告訴你：「雖然我家孩子功課不太好，但他可是露營高手呢！」或者強調：「她對人有著極為深刻的理解。」又或者是：「她的音樂智能相當卓越。」

批評四：加德納所謂的「智能」，說穿了就是「天賦」

你想用什麼詞彙都行，但如果擅長音樂或空間思考是種天賦，那擅長數理或語言也是天賦；換句話說，要嘛你就全部都用天賦，不然就全都用智能。如前所述，如果我當初寫的書名叫做「多元天賦理論」，那麼很有可能我不會寫這本書，你也讀不到眼前這些文字了。

在英／歐語系社會，「天賦」一詞廣為使用，但是「智能」一詞享有崇高地位。所以，正因為我挑戰了傳統上對於智能一詞的詞彙與定義，我才得以動搖、甚至是天翻地覆地改變對「智能」存在已久的對話。將來，大家可能會不假思索地談論社會智能、情緒智能或身體智能，完全不需要使用引號或注釋。

批評五：多元智能確實存在，但不是加德納描述的那種

對ＩＱ理論的另外一位重要批評者，大概就屬史騰柏格了，他是當今聲譽斐然、著作等身的心理學家。他小時候智力測驗成績不太理想，或許出於報復心理，他在七年級的時候就設計出一套智力測驗（見第二章）。大約在我開創多元智能理論的同時，史騰柏格也在發展他的「**智力三元論**」（triarchic theory of intellect）。

顧名思義，史騰柏格把智力分成三個部分：「知識習得成分」（knowledge acquisition

component），讓人能夠處理、獲得並儲存新的訊息；「後設成分」（metacomponent），讓人能夠計劃與監控訊息的處理；「執行成分」（performance component），負責實際執行訊息的處理。史騰柏格也提出「**成功智力**」（successful intelligence），指的是能夠立定人生目標、評估自身優缺點、然後達成目標。除了分析智慧外，成功智力也包含創造智慧和實踐智慧。

在教科書和一般通俗文章中，往往會將我和史騰柏格的理論相提並論，雖然他是我的同事兼朋友，但我們兩人的理論其實存在顯著的差異。

在適用性上，史騰柏格的智力三元論是以ＩＱ測驗為基礎，辨別並剖析在測驗中要拿到高分所應具備（或不需具備）的訊息處理能力，是一種只適合在學術圈流傳的理論。

此外，我們在研究方法上也截然不同，我在過去的研究中刻意將不同智能（例如創造力和倫理）清楚區分開來，但他的成功智力概念則是將這些概念混為一談。

另一個差異是，史騰柏格的構想無視於訊息內容的不同。也就是說，他認為訊息是由後設及其他成分進行處理，不論訊息內容屬於數字、音樂、空間或人際等類別。但對我來說，**內容就是問題的本質**。

根據我的研究，我們處理音樂訊息的方式和處理數字、空間或人際訊息時並不相同；對於某一類內容的記憶能力，無法準確預測在記憶其他種類內容時的表現。也就是說，如果你善於記憶文字內容，未必能在記憶音樂旋律或交通路線時有同樣優異的表現；也未必會一直惦記著去年感恩節聚會時，某人對你很不好，因而影響接下來幾小時、甚至幾天的心情。

在我們的理論之間，還有一個外人不容易看出來的差異。史騰柏格將自己定位為一個與其他心理學家持續進行專業對話的心理學家，他的身價（可能是出於評論者的認定，也可能出於他自己的認定）會隨著在心理學領域上的競爭表現而有所消長。而我，就過去的專業訓練及思考模式而言，我也是個心理學家。但我自認是個背離主流的心理學家，是個系統性的社會思想家。

更重要的是，正如我在本書最後幾章所主張，我是個統合者，志在統整人類與人類心智領域所積累的所有知識。對於大多數世人而言，我則是一個教育工作者與教育家，而且無論是好是壞，我恐怕終其一生都會被賦予這樣的身分。

心智模組的討論

行文至此，我已詳述一開始大眾對多元智能理論的接受度，以及之後心理學界對此理論的批評。事實上，在多元智能理論開始普及的一九八〇年代初期，學術界及社會上也發生了類似事件。

一九八〇年代初期，學術界對語言暨認知科學家喬姆斯基的關注達到頂峰，受其觀點影響的學者（包含我在內）所做的研究，往往也會引起眾人的高度興趣。一九八一年，我推出《心智的探索》（一九七三年初版，是我對皮亞傑和李維史陀的研究）第二版時，在徵求喬姆斯基的同意後，增加了探討其結構主義研究成果的章節。在認知科學領域的發展歷程，喬姆斯基扮演著關鍵性的創始者角色，對我來說，最重要的是他對不同「心智運算器」（mental computers）的存在抱持開放態度。

一九八三年，也就是《心智解構》問世的那年，喬姆斯基的好同事福多（Jerry Fodor）出版《心智模組性》（*The Modularity of Mind*），即便這本書是採取語言學、哲學和電腦科學的視角，而不是從心理學或更為軟性的社會科學切入，但福多同樣是以多元化的觀點來看待心智模組。這樣的知識與學術思潮讓我獲益良多，可以說當時學術界已經逐漸形成一股支持多元心智觀點的氛圍。

在美國境內及國外，對於孩童教育品質的關注日益增加，我也是這個風潮的受惠者。一九八三年，也就是《心智解構》出版當年，美國總統雷根任內發表了一份報告，標題很聳動，名為〈國家陷入危機〉（A Nation at Risk）。該報告指出，美國幼兒園到國小階段教育的體質不佳，並用令人印象深刻的文字做陳述：糟糕的教育現況，彷彿像是敵國為了癱瘓我們的學校而發動恐怖攻擊。和與雷根自己的期望與抱負相反的則是（雷根總統其實想要用這份報告當作工具，來**剷除**聯邦政府的教育部），這份報告的作者斷定，此時聯邦政府應該採取更主動的角色，增強學生動機與成就。

雖然過去我身在教育研究院，但對於幼兒園到國小階段的教育參與並不深。到了一九八〇年代中期，我比以往更投入美國教育現場，並親身參與各種教育政策的倡議。也因為有機會親身接觸第一線教育工作者，聆聽他們對於多元智能的想法，大大擴展了我的研究深度與豐富性。

第八章　多元智能理論在世界的發展

雖然我在賓州東部長大，卻從沒聽過庫茨敦（Kutztown）這個小鎮。一九八五年，我受邀參加一場藝術教育會議，地點就在賓州州立大學位於庫茨敦的分校。那裡離我父母住的地方不遠，所以我欣然答應邀約，並從麻州開車過去參加。邀請人是波拉紐（Patricia Bolaños），她是印地安納波里斯（Indianapolis）的美術教師。

我和波拉紐見面時，才知道她和六位同事竟是從印地安納波里斯來和我會面（整整開了十四個小時的車！）。接著，我驚訝地得知，波拉紐和她同事決定要創辦一所自己的小學。未來將擔任校長的波拉紐告訴我，那會是一所先進、強調藝術的公立小學，並將以多元智能作為治校理念。他們提議以「關鍵學園」（The Key School）為校名，並表示想先徵詢我的同意。但我打從一開始就說清楚，這完全是他們自己的決定，我當時是這麼說的：「我覺得這個主意很棒，我會盡量幫忙，但**你們**才是學前教育到國中階段的專家，這是**你們的**學校。」

接下來約莫十年，我定期到印地安納波里斯拜訪該校，觀察課堂教學，偶爾也提供一些建議。由於我有人臉辨識障礙，因此認識其他人對我來說不是件容易的事；但隨著我常常去關鍵學園，學校的種種都令我著迷，漸漸地，我覺得自己就是「關鍵家庭」（Key family，我們經常用這個詞）的一分子。而且坦白說，我對關鍵學園教職員、課程、部分學生與學生家庭的了解，比我對自己小孩念的學校還要更深入。

關鍵學園：全球第一所多元智能學校

如果你問我（或是其他熟悉多元智能理論的人）：一間多元智能學校應該是什麼樣子？答案絕對是五花八門。將一本厚達四百頁的多元智能學術著作，轉化成一所實體學校，並沒有一條清晰明確的道路可以遵循，我也不認為任何一位局外人，會想出和波拉紐與她勇敢的「關鍵八人組」團隊（沒錯，後來又增加一位教師）一樣的答案。

在關鍵學園裡，學生可以選擇不同教師開設的不同智能課程，課程名稱甚至使用

「身體動能」、「語言」等多元智能。在音樂課上，大家學會拉小提琴。此外，每天都有「師徒小組」，也就是課外活動社團，社團屬性多元，包括烹飪、園藝、建築設計與理財等，讓學生用他們喜愛的方式發揮自己的優勢智能。學校期待學生能夠主動提出、發展和公開發表具有個人特色的專題，專題會反映出他們熱中的主題，也能從中看出他們的統合智能。關鍵學園內所有的活動都由全職錄影師舒茨（Sandy Sheets）記錄，後來她和學校合作了二十年；在運用影像這種容量廣泛的成績單中，能詳細記錄著學生在各類智能的發展與進步。

有一陣子，關鍵學園成為眾所矚目的焦點。家長趨之若鶩，在校學生與家長多半對學校感到滿意；該區最大的贊助單位「禮來基金會」（Lilly Endowment）提供了重要的額外資金；學校登上全國電視網和國內外的出版品，也被《新聞週刊》（*Newsweek*）選為全球十大優質學校之一。雖然關鍵學園一度承認這個稱號太誇張（畢竟，誰能做出這樣的判定？），不過，關鍵學園顯然已經成為教育標竿。

有鑑於大眾對關鍵學園的關注持續上升，我和零點計畫的同事決定要到該校進行一些研究。我們聚焦於那些需要用到多元智能的專題，想知道該如何適當地加以創造、執行和評估，因此和教職員及學生合作研發評量標準，審慎使用這些評量標準，就能以有系統的方式評量學生專題表現。根據學生在遊戲及創造活動中的表現來評估他們，而不是使用傳統的標準化測驗，這就是我所感興趣的主題。

我投入很多心力創建學生作品集（portfolio），來彙整學生提出的專題，以及其付諸實踐的研究成果。我也自創「**學習歷程檔案**」（processfolio）一字，呼籲大家注意一個概念，那就是除了呈現學習成果，學習歷程中的規劃和修正功夫也非常重要。當然，這些學生學習的點滴過程，也由學校才華洋溢的錄影師舒茨一路相隨地記錄下來。

顯然，這個教育實驗讓長輩、教師、行政人員以及偶爾來訪的來賓和記者很感興趣。但學生呢？從我自己的親身觀察，多數學生都能在這種較為隨興、較為多元、較具實驗性質的環境下成長茁壯。有一個經驗讓我相當感動。某天一大早，在沒有事先通知的情況下，學校來了一位國際知名的小提琴家潔森（Dylana Jenson）。一群幼兒園到國小低年級的學童被集合到禮堂，一同欣賞潔森女士的演奏，有些曲子是美國小孩耳熟能詳的，有些則帶他們進行音樂的探險。

結果這些孩子讓我嘆為觀止。他們專注聆賞，全神貫注，鴉雀無聲。演奏結束後，他們問了很多好問題。我在很多地方都看過孩童觀賞藝術表演，除了在中國的菁英學校，我還沒見過這麼乖巧又專心的五到七歲小聽眾。在那一刻，我發現關鍵學園達成了一個寶貴且重要的成就——讓小孩從小就參與意義深遠的藝術體驗，這是很有意義的學習經驗。我敢打賭，在關鍵學園念了幾年書的學生，未來將成為「一輩子的音樂迷」。

實驗教育的愛與愁

關鍵學園變得愈來愈有名氣，但這並非毫無代價。印地安納波里斯學區教育委員會、鄰近社區與競爭學校並不樂見這所特立獨行的實驗學校擁有如此高的知名度。事實上，對學校而言，和哈佛及我的「學說」建立緊密連結，極有可能是把雙面刃。

嫉妒是很強勢的人類動機。為了慶祝關鍵學園十五週年校慶，我們在印地安納波里斯的某個講堂舉辦盛大晚宴，我和其他朋友及支持者齊聚一堂，許多政治與教育界領袖特地前來，並讚揚關鍵學園的教育成就。晚宴到了尾聲，波拉紐校長起身對觀眾講話。她以犀利的言詞為活動作總結：「最重要的，我要感謝關鍵學園這幾年來合作的五位印地安納波里斯教育局長，沒有你們**鍥而不捨的反對**，我們沒有辦法達成今日的成就。」

雖然是半開玩笑的語氣，但這段話確實是一針見血。這場慶祝晚宴彷彿象徵關鍵學園發展的頂點，而情勢正在快速出現轉變。在地方教育政策上，對公立學校的補助愈來愈少（給實驗公立學校的經費當然也就更少），當地居民的貧富差距則愈來愈大。國家教育政策上也出現改變，從標準化測驗、共同核心教學標準到一體適用的教室準則，關鍵學園承受著與日俱增的壓力。

很遺憾，大概就在此時，波拉紐罹患了腦癌。在繼續努力工作一年後（她甚至信守之前承諾的演講邀約，不遠千里去演講），她不敵病魔而辭世。往後十年，學校繼續營運，而且就如同波拉紐的夢想，社區裡還多了一所中學。後來，我偶爾會和關鍵學園聯絡；八位先鋒教師中有幾位會定期來劍橋，我們一同把酒話當年。也因此，當關鍵學園在幾年前正式退場時，我也毫不意外。事實上，學校已經苟延殘喘好一陣子。

雖然大家都不樂見學校被宣告不治，尤其是這個長時間為那麼多人帶來正面影響的教育機構，但我漸漸開始用另一種角度來看待此事。套用托克維爾（Alexis de Tocqueville）的知名詞彙，特別是在美國這樣「志願結社」（voluntary associations）當道的國度，多數機構的壽命有限。在某些情況下，機構都有大限之日，只是時間早晚。此外，關鍵學園是集合天時、地利、人和的產物，由不凡的領導人提出構想並實踐，加上適逢美國鼓勵實驗教育的短暫時期，因此即使是在保守的印地安納州進行實驗教育，仍能大放異彩。

對於一個教育機構而言，真正重要的並不是它能夠運作多少年，而是有多少人（從學生、家長、教師、參訪者到職員）在參與它的運作中獲得成長。或許更重要的是，這些曾經生活在其中的人，無論是到訪一週的參訪者、任教五年的音樂老師、從幼兒園讀到八年級的學生，有朝一日離開關鍵學園後，他們將會**去了哪裡**、**思考了什麼**，以及**實際做了什麼**。

我猜想，就像其他我有幸參與的強大組織那樣（我腦海中浮現的是布魯納的「人類潛能計畫」），關鍵學園的精神與做法，會保存在世界各地各式各樣的人身上，持續發揮廣泛且深遠的影響。關鍵學園的成功經驗，或許也適用於像多元智能理論這樣的新觀念與新構想——原本只是一個用來解釋特定現象的理論，突然如「迷因」（meme）般迅速傳播，然後隨著初始來源及明確術語逐漸被淡忘，最終自然融入每個人心中，成為人類基本認知架構的一部分。

新城小學與多元智能圖書館

關鍵學園創校後不到一年，當時有一位密蘇里州聖路易的小學校長赫爾（Tom Hoerr）聯絡我。赫爾是位年輕的創新教育家，希望將多元智能概念活用在學校中。他邀請我到學校看看，期望能諮詢我的意見。和關鍵學園的狀況一樣，我對這個提議很有興趣，因此欣然拜訪湯姆及其同僚。雖然我造訪聖路易的次數沒有像關鍵學園一樣頻繁，但我也逐漸熟悉「新城小學」（New City School）與其核心教職員，以及該校校長的辦學哲學。

新城小學在很多地方都和關鍵學園不同。首先，新城小學是私立學校，學校經營要靠學費和捐款，也沒有獲得像禮來基金會那樣的組織給予定期贊助。其次，這所學校的學生年齡主要集中在幼兒園到國小五年級。學校師資也和公立學校略有不同，舉例來說，私立學校老師比較少是出身於教師培訓機構，他們比較願意犧牲薪水以換取其他津貼，此外，私立學校沒有教師工會。

不過，就我這個研究者兼教育者看來，這兩所學校還有其他更顯著的差異。

首先，赫爾並非創辦一所全新的學校，而是將現存的學校引領到新的發展方向。學校教師經常會花好幾個月的時間，反覆閱讀並討論多元智能概念。我偶爾也會和大家一同交流，腦力激盪如何將一些理念重新設計後，融入學校的辦學方式及課程教學中。他們的目標不是改變現存的課程架構或課程表，而是把多元智能的思考模式引進思維歷程、日常生活的禮儀規範，以及整個學校的DNA中。學校尤其重視的是，每個人都是獨一無二的，不管是小孩還是大人；每個人都有自己的偏好與喜歡的互動方式與學習知識的方式。最獨特也更重要的是，你如何了解自己、了解他人，以及如何用適切的、考量他人與合乎倫理的方式與他人互動。從這點來看，新城小學雖是朝著「多元智能的學校」邁進，但將該校視為「發展與培養個人智能的學校」也相當適切。

其次，不論是在當地或全國，新城小學和關鍵學園一樣，隨著名聲漸漸響亮，從全國各地前來參訪的訪客絡繹不絕，甚至也有許多國外參訪者。但新城小學還以其他方式獲取眾人的關注。湯姆和他的幾位同事不僅是教育者，還身兼作家，他們曾出版過書籍，也會在刊物上發表文章，說明自己所做的事、起心動念為何、成效如何等等。

相較於關鍵學園的教師是以藝術背景為教學專業，所以他們強調視覺溝通，例如以影片作為表達與溝通的方式；新城小學的教師是傳統教育體系出身，更屬意用書面文字進行交流。彷彿是要彰顯這個特質似的，二〇〇六年，他們創建世界第一座「多元智能圖書館」。我很榮幸受邀在開幕儀式上剪綵，見證圖書館的啟用。

赫爾也成了教育界的國內專家，出席許多重要場合，並為教育機構定期撰寫專欄與書籍，特別是「美國課程發展與視導學會」（Association for Supervision and Curriculum Development，簡稱ASCD）*。在我寫這本書的當下，他的《多元智能通訊》（*MI Newsletter*）已經持續寫了二十七年了！他在二〇一六年卸下新城學校校長一職，到目前為止，該校仍朝氣蓬勃，比起位於中西部另一都會區的關鍵學園，命運實在好太多了。

忠於自己的選擇

至少有十年的時間，我沉浸在社會大眾對於多元智能的興趣裡，特別是學校的教育工作者。我收到很多邀約，多是要我去談多元智能理論以及在教育現場的應用，這些邀約來自國內各地，漸漸地，也有來自世界各地的邀約。此時，多虧有葛拉漢院長的幫忙，我有了一份正職工作，開始在哈佛教育學院教授認知與發展心理學。（我也教過創造力和藝術的選修課。）但如果當初我沒有這份正職工作，光是回覆這些邀約，我可能就忙到不可開交了；此外，當初我若真想那麼做，我可能還會把多元智能理論商品化。

然而，我很快就做出不開發多元智能課程、創辦學校或推出相關商品的決定。我沒有商業頭腦，就像美國總統亞當斯（John Adams）的名言：「我父親是商人，所以我不需要從商。」但這個決定是經過慎重思考的。如果我沒抵擋住金錢的誘惑，渴望事業做得有聲有色，就會花上大把時間，但不一定保證投入的時間有所回報。更重要的是，不管我對賺錢有沒有興趣，以及我是否相信這種透過精心打造的操作手段的價值，我都必須打造和保護個人品牌，還得做出在商場上「行得通」的運作，定期引進新產品、制定

＊編注：該學會創辦於一九四三年，發行兩大重要刊物：《教育領導月刊》（*Educational Leadership*）與《課程與視導期刊》（*Journal of Curriculum and Supervision*），內容囊括：課程發展、教學、視導、學校組織與領導等重要課題。主要讀者群為中小學學校校長與教師。

銷售伎倆和廣告口號。

坦白說，無論是考量個人意願和我在一九六〇年代所受的學術訓練，我對於這種汲汲營營於商業追求的事都感到深惡痛絕。事實上，我深深相信，學者所發展出來的觀念都應該無償提供給大眾，而非化為商機並從中賺錢。有時候，我的孩子會取笑我說：「爸，你本來可以發大財的！」我總會一笑置之。我們家雖不富有，卻也豐衣足食。和很多有錢到超乎我想像的人比起來，我擁有一件無價之寶，那就是「知足」。

所以，儘管我沒有走「獲利」路線，或充當「先知」的角色，但還是持續為多元智能理論的運作與追根溯源投注極大心力。從學術的角度來看，我先後進行了許多研究計畫，如前述在關鍵學園進行的學習歷程檔案研究。以下就舉幾個例子，來說明實踐多元智能理論的計畫內容。

探索藝術理解

我同事和我與「教育測驗服務社」合作，開發新的藝術評量形式，作為衡量藝術中創造、感知與反思的方式。我們可能太愛首字母縮略詞了，因此將此研究稱為「藝術推動計畫」（Arts PROPEL）。這些評量方式橫跨視覺、音樂與戲劇藝術，在評估學生綜合表現上被證實是有效的。目前美國和其他國家的教育工作者著重在觀察學生長時間的表現，而非只看測驗分數與最終的考試成績，這個趨勢與觀點可說是根植於我們在一九八〇年末期所打下的基礎。

研究實用與創意智能

我的團隊和我的老同事史騰柏格合作，在中學執行兩個計畫。一個叫做「學校實用智能」（Practical Intelligence for School，簡稱PIFS），另一個是「學校創意智能」（Creative Intelligence for School，簡稱CIFS）。我們所做的努力是值得的——我們將兩種影響智能的途徑結合起來，和研究對象合作，創造出可以被「現成」使用的教材與經驗。這個合作也讓我們雙方都產出教育方面的書籍與文章，但以我的觀點看來，這個合作不太成功。雖然研究團隊（分別來自哈佛與耶魯）都相處融洽，並在許多地方愉快地開會與用餐，但兩邊的學術傾向和研究風格卻格格不入，甚至可說是意見分歧。人際關係和學術統合完全是兩碼子事。

評估孩童智能的光譜計畫

要是有人問我，從多元智能理論衍生而來的研究中，哪一個最重要？我會毫不猶豫地說：「光譜計畫」（Project Spectrum）。我在發展多元智能理論的那段時光，和我關係最密切的同事是費爾德曼。當時，費爾德曼還是一位年輕的學者，之前我曾提過（見頁一四七），一九七〇年代初期，我申請耶魯教職沒應徵上，獲得錄取的人就是他。他也是第一位預言多元智能理論會顛覆ＩＱ霸權的人。經過多次討論之後，費爾德曼和我認為，如果希望多元智能概念能在學術圈以外發揮影響力，勢必要提出一些能**辨識和評量兒童智能的方法**。

我們決定著手進行幼兒智能的評估計畫。會選擇這個「目標」族群，至少有三個原因：其一，我念博士班時教過幼兒園到小二階段的孩童；其二，多元智能理論廣為人知時，我們倆都正好有三個小孩；其三，在費爾德曼所任教的塔夫茨大學裡，有一所「艾略特皮爾森兒童學校」（Eliot-Pearson Children's School），這所幼兒園在國內赫赫有名。

雖然我們把這個計畫取名為「光譜計畫」，但並非是為七種智能設計七套測驗（這讓我想到老牌歌舞片《七兄弟抱得七美人歸》(*Seven Brides for Seven Brothers*),而是實際著手建構起多元智能的教室環境。我們希望學生每天都有機會接觸到有趣的教材教具,讓這些教材所具備的功能用途,激發孩子的各種智能。因此,「光譜教室」裡擺放著各式各樣的樂器和積木,有練體操與跳舞的空間,有可以搭建舞台布景與立體情境模型的玩具,來當作講故事的道具,有在不同教室裡可供操作或用來製作及修理的工具等。

就某種意義上來說,這樣的教室其實不算什麼創舉。因為採取進步主義導向的幼兒園,不管是蒙特梭利、福祿貝爾、杜威或瑞吉歐(Reggio Emilia)幼教方案,都和光譜教室很像。但是光譜教室也有其獨特之處。

首先,我們提供一個區域,讓研究人員在不引人注目的情況下,觀察幼童玩耍的過程。我們也創作了目標量測工具,偽裝成玩具的樣子;這些量測工具讓我們可以更直接看到「分離出來的單一智能」或是「結合在一起的多項智能」。這些工具包含桌遊,可以讓我們監測與梳理數學及人際智能;有很大的積木空間,兒童可以打造教室的模型(**空間智能**),述說他們自己當天稍早做了什麼(**內省智能**),指出其他孩童單獨或跟彼此一起做了什麼(**人際智能**)。

最後，我們用兩種方式來評估每位學童的智能。其一，我們花了長時間觀察學生自由自在的玩耍情況，看看他們各自偏好哪個智能領域，以及他們是如何使用這些教具，特別會著重在他們運用教具的能力是否隨著時間而更為精密熟練——這些都屬於「觀察到的智能」。但我們也設計出一套工具，以更聚焦、較不雜亂的方式來檢測智能——這些是「測量的智能」。如此一來，我們就能在特定的時間下，記錄每位孩童的「智能光譜」，並在一年過後，看看這些光譜是否呈現顯著的變化。

如前所述，在我個人參與的多元智能相關研究計畫裡，光譜計畫無疑是其中最突出的。我們證明了不管是相對而言有系統的情境下，或是運用比較沒有系統的測試和自然觀察，都有可能幫助我們測量智能。我們也針對計畫中的每位孩童撰寫一份「光譜報告」，幫助教師、家長以及成長中的孩子了解可以做些什麼，來為孩子增強優勢與支撐相對而言弱勢的智能。此外，我也和我優秀的同事克雷薛夫斯基（Mara Krechevsky）、陳杰琦（Jie-Qi Chen）與維恩斯（Julie Viens），共同撰寫三本有關光譜計畫的專書，這些書仍在市面上販售，也翻譯成多國語言。

不過，我會說光譜計畫主要是一份**存在證明**，意味著「智能」這個假設的心理學實體並非只是一名想像力豐富的學者個人幻想。我們證明智能可以被操作，也證明智能分散在不同個體，而此事可以符碼化，並和他人分享。光譜計畫由於沒有一個對外的官方單位或批准機制，凡是對該計畫有興趣的所有人，都可以自行取用、應用或是修改光譜計畫概念。有意思的是，和許多進入市場的教育理念一樣，有些以高舉「多元智能」理念的學校，一旦深入了解後，便無法通過我自己的標準；而我個人很欣賞的某些教育單位，則可能根本沒聽過多元智能，也完全沒聽說過我。

其他的多元智能測量方式

在此，如果我沒有提到其他人也建立了自己的多元智能工具，那就是我的疏失了。如果你在網路上搜尋「多元智能測驗」，就會找到很多種。事實上，很多人找我為各式這類測驗背書，但我都沒有這麼做。這當中最有名的就屬席瑞爾（Branton Shearer）的《多元智能量表》（*Multiple Intelligences Developmental Scales*，簡稱MIDAS）。這個測驗在很多方面都設計巧妙，也依其目的不同應用在很多地方。但這個測驗骨子裡是個自我報告測驗。嚴格說來，這個測驗的效果，會受到個人對自己優勢智能的認知與理解所影響，甚至有可能會受到局限。因此，比較像是內省智能的測驗，或者，講白一點，是在測試自己對自己有多無知。

多元智能主題樂園

我曾經一度放棄追求真實且具說服力的多元智能測量方法，直到大約二〇〇五年，我收到一些有趣的訊息。我得知在丹麥一個叫做諾堡（Nordborg）的城鎮裡，有家生產暖氣與冷氣設備的公司丹佛斯（Danfoss），蓋了一座根據多元智能概念打造的主題樂園——丹佛斯宇宙（Danfoss Universe），裡頭的主打設施叫做「探索世界」（Explorama）。我受邀參加該樂園的啟用典禮，很可惜的，當時我有事不克前往。後來，大概過了不到一年，我剛好有機會去一趟丹麥，順道和贊助「探索世界」的克勞森（Clausen）家族會面。我花了大半天在「探索世界」裡參觀。

參觀結束當下，我感受到一種「啊哈！」的豁然開朗。我終於找到一個地點，以「智能遊樂園」的方式，可以真的用來評量廣大年齡層的智能。（從五歲到五十歲，甚至延伸到更廣泛的年齡層。）「探索世界」包含數十種不同的智能遊戲和挑戰，每個人都可以用自己的方式去玩。有音樂和語言的訊號可以聽、可以模仿、可以用特定的方式修改；還有需要用全身或雙手去探索的空間，如果你不小心碰到指示路徑以外的區域，違反空間裡設下的限制，就會警鈴大作。另一區還有桌遊，會運用到邏輯－數學智能、人際智能等。

有個遊戲我覺得設計最巧妙，需要兩個人去轉動各自的圓盤來移動積木，讓積木可以擊中目標（因此會運用到身體與空間智能）。為了有效完成這個任務，遊戲者必須彼此協作調整圓盤的方式，從中也需要運用到人際智能。

感謝我的東道主，因為他們實際上幫我完成了我的夢想，也就是在我沒有直接參與的情況下，建立具有生態效度的多元智能評量。但他們有點惋惜地說：「不過，我們還沒想出怎麼測量內省智能。」我想了一會兒，心生一計：「遊客進入園區前，何不給他們一張任務清單，上頭詳述每個挑戰的內容，讓他們先做想像。然後請遊客預測自己在每一項的表現，如果預測是正確的，那就展現出一種內省智能；如果預測差太遠，那麼，你就提出一些建議，提供他日後能夠努力的方向。」

不管我的這個主意後來有沒有被採用，我都很開心自己至少能給予一個相關建議，讓這個主題樂園的設計師們作參考。

和個人與組織合作

在我的研究和生活裡有個特色，那就是「不浪費時間」。或者，再次引述偉大的歐洲經濟學家莫內的話：「把每一次的落敗都視為機會。」雖然我熱愛和老同事在零點計畫一起工作，但我發現和我們這個圈子以外的人合作更深具挑戰。

因此幾年前，為了深入了解為什麼像「學校實用智能」和「學校創意智能」這類合作那麼困難，或者為什麼「兒童早期表徵發展計畫」從未完成，費奇曼（Wendy Fischman）、巴倫森（Lynn Barendsen）和我開始了一個計劃，叫做「同心協力」（Good Collaboration），最後定出同心協力的八大要素。為了方便記憶，這八個要素的英文首字母，可以組成ELEMENTS一字：

- **執行確實**　Excellently Executed
- **領導魄力**　Leadership Drive

- **團結一心　E**ngaging for Participants
- **專注任務　M**ission Focused
- **謹守倫理　E**thically Oriented
- **溝通得宜　N**urtured Centrally
- **善用時間　T**ime Well Spent
- **目標明確　S**olution Inspired

不管這八個要素對他人是否有用，對我們自己而言，它可以用來決定是否要進行合作，以及更困難的，何時該**終止合作**。可以說，這八個要素表明我們試圖在團隊或組織的層級上運用人際智能。

發揚光大的多元智能

顯然的，多元智能概念引發了許多想法與計畫，《多元智能量表》的創始者席瑞爾進而想集結一群曾在實務上應用此概念的人進行交流。二〇〇六年，我們一共十二個人出席位在紐約市的美國教育研究協會（American Educational Research Association）的研討會。不久後，陳杰琦、莫蘭（Seana Moran）和我合編一本書，書名是《多元智能在全球》（*Multiple Intelligences around the World*）。在這部厚厚的選集裡，來自五大洲、十五個國家、共四十二位學者，各自呈現多元智能理論應用在各式各樣的計畫（例如課堂、學校、博物館、主題樂園等）、各式各樣的對象（例如幼童、大學生、資優生、學習障礙學生、求職者、有錢有閒的人）。後來，每當有研究者和實務工作者來諮詢我如何將多元智能概念付諸行動的最佳做法時，我都會請他們參考這本好用的資源書。

事到如今，多元智能理論已經「走上了自己的路」。在我親自參與運作的學校，以及和世界各地教育、樂園、博物館等機構的合作計畫之中，已經締造出許許多多成功案例。如果當時選擇繼續這樣做，現在的我理當可以戴著多元智能桂冠安享盛名。然而，正如我在惋惜中所學到的那樣，並非所有案例都能那麼正面。一旦你向廣闊的世界拋出一個迷因，尤其是不需經過統合就能輕鬆做出結論的那種，你真的無法控制它會往哪個方向走。

第九章 把多元智能理論放在正確的位置

一九九三年，我收到一位澳洲同事的來信，內容簡潔明瞭：「你的理論在澳洲被採用，但你肯定不會喜歡他們運用那些概念的方式。」

這封信激起了我的好奇心。雖然當時已經是電子郵件的年代，但如果以附件寄送，我還是不知道該如何下載。所以，我請同事將那些讓他感到震驚的資料郵寄給我，而他也照做了。

記得當時朗費羅館才剛翻修完成，我在自己的辦公室裡低頭讀著那些資料。澳洲同事說得一點也沒錯，我**不**喜歡我的概念被拿來那樣用。在這份被我認為是「罪證確鑿」的資料中，我看到一張列有澳洲各族群名稱的表單，上面詳細指出各族群**擅長**哪些智能，以及**缺乏**哪些智能。更誇張的是，表單中還對每個族群的學生應該如何被對待或教導提出建議。

多元智能理論的誤用

這著實讓我目瞪口呆。如果我們採取適切的測量方式，的確可能看到各族群之間在智能平均數據上存在某些差異，這些差異可能來自於男性和女性、歐裔和亞裔，又或許是內向者和外向者之間的差別，但可以肯定的是，任何**同一族群內部的差異**，一定遠遠高於任何**不同族群之間的差異**。即便真的能夠發現不同族群之間存在差異，我們也無法確切釐清成因，更別說知道該採取什麼樣的介入措施，來降低、消弭、甚至逆轉這樣的差異。

來自澳洲的這些論點顯然是偽科學。更糟的是，這些毫無根據的主張被動員起來表明哪些教育干預手段是合適的，並暗示哪些是不合適的。顯然我的概念被利用來合理化那些毫無根據的教育介入手段，範圍遍及澳洲整個行政區，甚至是整個國家。

該怎麼辦？我還來不及煩惱，澳洲的電視台就找上門來，要我針對這些建議的干預手段發表看法。我同意上《週日評論》（*The Sunday Program*）節目，那個節目大概就等同於美國有廣大收視率的《六十分鐘》節目。在節目中，我拒絕評斷教育規劃者的動機；我根本不知道他們是誰，也不知道他們來自哪裡。但是我斬釘截鐵地說，沒有證據顯示他們所主張的族群差異確實存在。因此，我無法支持他們任何的教育提案。在場的其他專家也分別表示他們對此提案有所保留。

最後，這個教育干預手段的提案受到大眾質疑，遂停止採用，讓我大大地鬆了一口氣。雖然我並沒有決定要公開譴責這個提案，但這個經驗讓我了解到，自己必須**更注意**多元智能的概念如何被使用（唉，還有如何被誤用和濫用），並適時介入與澄清。

身為學者，我的第一個想法就是，我應該把這個經驗寫下來。兩年後，在一本廣為流通的教育期刊上，我發表了一篇文章〈多元智能：迷思與現實〉（*Multiple Intelligences: Myths and Realities*）。那是我被引用最多的文章。在文章中，我闡明自己注意到大眾對多元智能理論有許多誤解，並試圖澄清事實。

有一些誤解我已經提過了。舉例來說，許多人覺得如果有七種智能，就應該有七種測驗——就像ＩＱ測驗般生生不息。（商人莫不摩拳擦掌，掛著期待的微笑。）當然，我不反對評估智能，就像光譜計畫和丹麥的丹佛斯宇宙主題樂園所做的那樣，我在前一章都有介紹過，但我認為用紙筆測驗來判斷多數智能完全不恰當。此外，再一次回覆一些心理學者的批評，我盡可能耐著性子解釋，雖然多元智能理論不是根據**實驗**而來的，但絕對是**實徵**性的研究。而且，說真的，進一步的實徵證據可能讓我提出其他智能（我確實也這麼做了），或者重新修訂智能的種類（我沒這麼做，至少至今還沒有）。

其他的更正都屬於技術層面。我試圖解釋**智能**（大腦處理訊息的能力）和**領域**（domain）或**學門**（discipline）之間的差別（某個文化或社會獨有的一套做法）。具體來說，以熟練的技巧活動全身或身體某部分的能力，需要一種智能，也就是「身體動覺智能」。但是我們所處的文化背景，將決定人是否會表現，以及如何表現這種智能，例如：是透過運動（像是用拳擊、擊劍或是回力球），或是透過舞蹈（像是用芭蕾舞、捷克的波卡舞或是羅馬尼亞的賀拉舞）；或是透過精細動作（像是透過縫紉、打字、打繩結或彈豎琴）；或比較負面的，有些人心中有身體動覺智能的概念，而有些人心中則根本沒有。

還有另一個常見的誤解是，我指出多元智能理論並非質疑「一般智能」（學術上簡稱為「G因素」）的存在，而是質疑其起源與解釋力。也就是說，綜觀任何一整套紙筆測驗，統計分析中有可能會出現一個共同因素。但是那個共同因素的大小，那個所謂的**多**

維正相關，取決於許多變數，包括：我們採用的是**哪些**測驗、我們**如何**評分或加權、我們使用**哪一種**統計分析方法，以及更有趣的，我們實施各式測驗的**群體**組成。

我曾經在《斐德塔卡帕人》（*Phi Delta Kappan*）月刊上發表這樣的「路線修正」（course correction），由於這份刊物主要是給教育工作者閱讀的，所以我毫不意外的花最多時間、耗費最多墨水的論點，都是跟教育相關的誤解。例如以下這兩個主要論點。

沒有單一的多元智能教育方法

許多教育工作者懷抱著無比熱情，相信有一套以多元智能理論為基礎的教育方法，而且往往（其實是常常）認為**他們自己**知道那個方法是什麼。例如，關鍵學園的教師認為應該為每個智能規劃專班；而新城小學的教師則恰恰相反，他們認為教育的重點應該要放在個人智能的培養。這時誰說的才對呢？有些人認為既然我是理論創始者，所以我一定清楚在教學中應用多元智能理論的最佳方式，而且全世界唯有我有權力幫大家蓋上那顆「多元智能認證」的大印。

然而，事實正如我費盡唇舌跟他們解釋的那樣——多元智能理論是一個學術理論、是從大量資料與文獻中統合汲取而來的概念，這個理論有可能對、有可能錯、有可能被修正，但無論如何我們都**不可以**（請容我再次強調：**永遠不可以**）將一個學術理論直接當成一套完整的教學方法。教育如同其他多數人類活動蘊含著價值判斷，所以當在你借鑒任何實徵理論之前，必須先決定**你想實現的目標及理由**。

舉個例子來說。身為「多元智能大師」，我常被人問到：教師應該要加強學生的既有優勢智能，還是改善學生的弱勢智能？我的回答是，你可以擇其一為之，也可以雙管齊下。但無論你選擇哪一種，最重要的是根據你希望該生、該班、或甚至整個群體**達到什麼目標**。我個人認為，如果對象是幼兒，可以廣泛接觸為目標，激發孩子較弱的智能；如果對象是年紀較大的青少年，就以強化優勢智能為主。我也想提醒大家，你的決定也要視孩子的家庭社經地位與發展前景而定。如果一個家庭環境優渥，家中孩子能夠學習各種才藝來發展各種智能，那麼也許就培養他成為「多才多藝」的孩子。對比之下，如果是一個環境貧困的家庭，未來需要靠那個孩子來分擔家計，那麼讓孩子盡可能有效率、有效能地培養強勢智能更具有意義。

或者如同我有時說的那樣，請告訴我你的教育目標，例如，目標是在有效度的測驗中拿到高分，還是爭取擁有民主的社群、或是培養領導技巧，**然後**我們就能共同討論，確定如何適當地應用並實踐多元智能理論。但如果你想要達到以上**所有的**目標，那麼你最好從頭再來，好好取捨。一味地想達到所有目標，很有可能最後會全面失敗。

多元智能並非學習風格

學術用語的區別很重要。之所以會強調這件事，是因為我發現一個頗令人惱怒的問題。有幾位學者在論著及演講中談到「**工作風格**」（working styles）和「**學習風格**」（learning styles），我對這樣的術語並沒有意見（我自認不是個「語言警察」），甚至也大有欣然接受這些用語的理由。

但問題在於，許多教育工作者（同樣的，他們多半是基於對於多元智能理論的熱情）將**智能**與**風格**混為一談，認為兩者可以互相代換使用，這實在讓我難以苟同。首先，這些人總是宣稱某人的學習風格屬於「視覺型」或「聽覺型」，我認為這樣幫人貼標籤並無科學根據，在觀念上也容易讓人混淆。例如：有閱讀障礙的人比較喜愛圖畫或圖像，所以常會被歸類為「視覺型學習者」；然而閱讀文字不也是要靠視覺嗎？他們的特徵正是無法透過視覺來輕鬆閱讀。又如有些人被歸為「聽覺型學習者」，言談和音樂都屬於聽覺範疇，但在做這樣的歸類時，卻很少會區分這個人到底是傾向哪種訊息來源。

更糟的是，那些抱持「學習風格」觀點的人，常常認為一個人若以某種方式處理一項經驗，那就一定會以同樣的方式處理其他的經驗。但我在實際觀察與研究中發現，一個人可能對某種內容（比方說語言訊息）游刃有餘，但是對另一種內容（比方說空間或身體訊息）則恰恰相反。就拿我自己當現成的例子吧，我書房裡的藏書和檔案都收得井然有序，但桌面和地板可說是亂到不行（見頁二六四，有圖為證）。

我的「後多元智能人生」

我得承認，有時我會試圖堅持區別術語之間的差異，但這樣的努力一直不太成功。許多教育工作者和外行人繼續將智能與風格混為一談，而我則繼續申明箇中差異。即使已經從「多元智能人生」邁入「後多元智能人生」，我依然無法完全放棄努力。

因此，請容我暫退一步，談談當初發生的事。多元智能理論是我以多年研究為基礎，針對人類智能所進行的大規模統合成果。許多人（尤其是教育工作者）可能讀過我的書或我寫的概述性文章，但也可能只是從某些管道間接對我的理論略有耳聞，然後這些立意良善的人們就根據自己的經驗，試圖從中汲取有關他們自身、他們的工作，以及如何教育他人的觀點。

於是多元智能理論似乎變成了「羅夏克墨漬測驗」（Rorschach test）的題目：**大家各自從多元智能的墨漬之中，看到自己想看的東西**。雖然我看到的往往不一樣，但要試圖矯正他人對墨漬提出更忠實的「解讀」，我實在力有未逮。這讓我不禁想起知名人類學者兼大師級統合者瑪格麗特・米德（Margaret Mead）的名言：「在教育領域，美國大眾每隔十年或十五年就需要來點新玩意，至於那到底是什麼，其實根本沒人在意！」

有一次，我跟一位學生提起我提出多元智能理論的過程，並說明此理論如何影響我的人生，她向我拋出一個大哉問：「想出這個理論，你覺得開心還是難過？如果你覺得憂喜參半，那麼你希望人生早幾年想出這個理論，還是再晚幾年？」

事實上，我寫這本回憶錄的主要動機，就是提供一個視角，來回顧多元智能理論在我學術生涯所扮演的角色，說明這個幾乎是四十年前的統合理論如何影響了我和很多人，從教授到專家、從家長到碰巧讀過或耳聞此概念的過客。

現在，我已經從研究多元智能理論，轉換到執行其他許多計畫，關注其他興趣，尋求各種機會，但是多元智能理論還是我最廣為人知的理論。每個星期、有時甚至是每天，我都會收到好幾封內容是詢問該理論的來信。其中有將近半數的信件，是請求我協助某學校或某機構設立多元智能課程或專案。

偶爾，我會回信給予明確的推薦，比方說，如果你對幼兒教育有興趣，請閱讀我有關光譜計畫的著作；如果你是在菲律賓工作，你應該去了解一下位於馬尼拉的國際多元智能學校。有時候，我會將發信者轉介給對多元智能有興趣的同事或之前的學生，比起我隻字片語的感謝、鼓勵或幫忙，他們往往更可能提出更具體的建議或協助。

另一類「不請自來」的信件類型，則是針對理論提出特定的問題。事實上，我過去在文章、書籍以及我的多元智能網站「多元智能綠洲」（MI Oasis）*，已經為幾十個常見問題提供答案。如果有上述資源都無法解答的問題，我在時間許可下就會盡量解答，或至少盡力說明我該如何解答該問題。

最後一類我定期會收到的信件，就是演講邀約。即使在多元智能理論發展並出版數十年後，我最常受邀演講的主題仍是「多元智能」。老實說，我一點都沒有興致再講另一場關於這個主題的演講，因為該講的我都講了，該寫的也都寫了。所以，除非是賣朋友面子，否則我會一概拒絕；可能的話，我會把邀約轉介給一小群願意講述這個主題的同事。

新增智能與後續的思考

即使多元智能已經不在我的雷達螢幕中心，但要說我對該理論的想法未曾改變，恐怕也不太對。

首先，我在原本的七個智能中，又多加了第八個智能——**自然觀察智能**（代表人物是達爾文）。簡而言之，這個智能讓人類（或許還有其他物種）可以在自然世界裡辨別動物，例如天敵和獵物，還有辨別植物、觀測雲、岩石結構等。顯然的，自然觀察智

＊編注：網址為：https://www.multipleintelligencesoasis.org/

能對史前時代的人類非常重要，因為當時的人能夠長壽或猝死，端看他們每天吃什麼、種什麼或丟棄什麼食物。現在，在任何已開發國家，多數人獲得營養的方式是到市場採買，不管是在小市集還是大賣場。但當我們選擇的是這雙鞋而不是那雙鞋，選擇這輛休旅車而不是那輛休旅車，或是選擇這顆萵苣而不是其他蔬菜，我們就是在利用自然觀察訊息處理系統，使自己可以在某個類別中做出細緻的區分。

我也曾考慮加入另外兩個智能。一是**存在智能**（existential intelligence），此智能讓人類（這就大概不適用其他物種了）提問並思索重大議題，例如：生、死、情愛、戰爭，甚至是存在本身。二為**教學智能**（pedagogical intelligence），此智能是指人類（大概也不適用於其他物種）具備教導他人與傳遞訊息給他人的技能，不管被教導的對象是博學多聞的人，還是缺乏學問的人。

我之所以不願意再增加智能，主要是因為我在一九八〇年一開始用來確認七大智能的方法相當嚴謹。我回顧大量的文獻，以有系統的方式整理觀察記錄與研究發現，最後判斷這些研究發現是否符合或缺乏智能所應具備的八項明確標準。在一九九四年到一九九五年的學術休假期間，我有足夠的時間針對自然觀察智能進行這項檢驗。而這個智能顯然具備資格，能在最後的清單上占有一席之地。但我沒有時間，或者講白一點，也沒有意願再去考慮增加更多智能了。所以，雖然我讓他人來談論教學智能與存在智能，但截至今日，那些候選智能尚未成為我的學術統整計畫的一部分。它們還沒蓋上加德納的認證章，也可以說，這兩項智能還被擋在多元智能的名單之外。

在最初尋找智能時，我引用關於大腦結構與遺傳的資訊。當時我認為（現在亦然）每一種智能都有穩固的生物基礎。但是近幾十年來，我還沒有時間或專業可以密切注意並統整迅速發展的相關文獻。我還滿遺憾多元智能並沒有吸引生物科學界研究者持續的關注。同事席瑞爾投入大把心力在多元智能的神經科學上，而他的結論對於多元智能理論抱持贊同態度，現在也已經出版。我也持續密切注意幾位神經科學家的研究，如費德藍科（Evelina Fedorenko）、烏德（Olivier Houdé）與桑默斯（David Somers）研究不同認知與感知能力之間的關係，還有各自獨立的可能。

所以，雖然我近年來顧著「多元智能店鋪」，但店裡沒有推出任何新產品，也沒有興趣的買家等著出手。很多人提供我機會將多元智能概念系統化並從中賺錢，但如前所述，這類邀約我一概拒絕。

然而，多元智能的概念激發全球各式各樣的商業活動。在澳門，商人鼓吹媽媽們購買殺菌鮮乳，好提高智能。西語系國家的一家連鎖旅館，提供可以激發智能的遊戲區。一則德國時尚汽車廣告，則將其性能描述為不同的智能——從馬達可見自然觀察智能，自駕功能是數理智能的展現。全球有數十家教育公司，推出標榜強化一種或多種智能的產品。

也許最駭人聽聞的是，幾個南亞和東亞國家宣稱，藉由指紋檢測可辨識出特定的智能，這個偽科學領域稱為「皮紋學」（dermatoglyphics）。（寫信問我有關指紋和多元智能關聯的人，半數對這個說法很反感；另外一半則認定此事千真萬確，跟他們說這是無稽之談也說不通。）有一段時間，我試圖阻止這種商業化行為；哈佛大學也曾針對某個案件，對這些不肖業者提出告訴。但是人生短暫，該把時間花在更值得的事情上。

掀起全球熱潮的情緒智能

一九九五年，當多元智能火車還在穩穩前進，此時，高曼出了一本名叫《EQ》

（*Emotional Intelligence*）的書，讓這列火車突如其來拐了一個大轉彎。高曼在書中主張，想要在世上成功，除了ＩＱ之外，還有一種很重要的智能名叫ＥＱ；正如這本書聳動的副書名：「ＥＱ比ＩＱ更重要的原因探究」（why it can matter more than IQ）。

就我所知，這本書一開始銷量不錯，但還沒到驚人的地步，直到《新聞週刊》（當年是頗受敬重、深具影響力的週刊）把該書放到封面，配上簡潔有力的縮寫ＥＱ。從那時候起，「情緒智能」的事業就像火箭般一飛沖天，而且在接下來四分之一個世紀裡絲毫沒有減速。

在我離開哈佛大學詹姆斯館之後不久，高曼成為哈佛心理系研究生。之後，他擔任《紐約時報》科學線記者，表現相當出色，當時該領域的新聞寫作還算滿新的。他的報導涵蓋多個學科，他也不吝惜為我的研究做特別報導，並特別對其中兩項個人智能感興趣。我不知道他是否因此發現情緒智能並予以命名，或是有多大程度是受到我與之前的研究者薩洛維（Peter Salovey）和梅爾（John Mayer）兩位心理學者研究的影響。這個問題我至今依然不知道答案；我猜想高曼自己也不知道。但這不重要，因為我很欣慰他的研究獲得很大的關注，也絕不會心生嫉妒。

我想起一則趣事。我在一九八〇和一九九〇年代都受邀到南美洲訪問，但我從未成行。終於，在一九九七年的夏天，我決定要到南美洲幾個國家巡迴演講，兒子安德魯陪伴我同行，他會講西班牙語，而我不會。我們到巴西時（當然，該國的主要語言是葡萄牙語），我經常被要求為讀者簽書，但好幾次，我都被要求簽高曼的書。

這讓我不太高興，因為想當然耳，我不是高曼，而且我建立了自己的智能理論，也出了書。我常常想（應該從沒脫口而出）：「你總不會叫一個畫睡蓮的畫家，在另一個畫睡蓮畫家的畫布上簽名吧。」但是當我回到家後，發現我的巴西出版社把我下一本關於智能的書的預付款增至三倍時，心裡原本的芥蒂很快就煙消雲散了。

我常常被問到是否「相信」情緒智能，我的答案多半是肯定的。但我不會用那個詞，因為對我來說，任何智能都伴隨著情緒；以認知的角度來說，情緒不是單獨存在的領域。高曼想藉由這個詞彙所表達的概念，大部分都包含在我的「個人智能」裡面，也就是人際智能和內省智能都有。打從一開始，我就堅決認為，這兩個智能比其他智能更緊密地關聯在一起。為了強調這一點，我在《心智解構》書中，將這兩個智能同時放在「個人智能」這一章。

但還有一個差別，是從「同心協力計畫」及後續見解直接而來。當高曼提到情緒智能時，他給了一個正面的詮釋。確實，在他關於此主題的第一本著作中，生動地描寫一位討人喜歡的紐約市公車司機，以及該名司機在悶熱難耐的夏天裡，給乘客帶來的愉悅感受與人際連結。

我十分認同情緒智能，但此處我要強調，必須以無關乎道德的角度來看待這個智能。事實上，我對於**所有**智能都抱持這樣的看法。公車司機讓乘客感覺到如沐春風的能力，同樣也可以用來操弄他們，甚至折磨他們。一種智能會為世界帶來幫助或傷害，完全取決於我們是如何使用它。

我和高曼一直有聯絡，他和我一樣，繼續著書立論，探討更多主題，包括更接近倫理範疇的內容。而高曼比我著力更多的部分，則是持續地和根據他的情緒智能理論進一步研究的人合作。此外，他還擔任顧問職務，並給予主打他創新構想的機構指導或建議。我想，他天天把「情緒智能」放在心上的程度，會比我把「多元智能」放在心上的程度更多，這樣說或許並不為過。

另外還有一點，高曼的功勞絕對比我大。他在出書一炮而紅後，各式各樣的智能如雨後春筍般冒出來，締造一個龐大商機。讀者能夠在書店裡、甚至更常在機場航廈書攤上，見到五花八門的各式智能，像是性愛智能、領導力智能、倫理智能、合作智能、商業智能等等。有時當我演講多元智能時，會投影各式各樣的書籍封面，每本都印著醒目的「智能」一詞。我總會停在「財務智能」這張投影片，用打趣的口吻下結論：「你真正需要的只有這個。一旦你擁有財務智能，就能把其他都買下來了。」

用理論改變對話

憑良心講，我認為在改變心理計量學界上，高曼不如我成功。大多數研究智能的心理學家，對於情緒及社會（以及倫理和心靈）智能的懷疑，不亞於他們對多元智能理論的懷疑。當然，這有可能是因為高曼實在聲名遠播，使得許多心理學者可能會更大力抨擊他，勝過於抨擊我。即使心理學者梅爾和薩洛維（後者現任耶魯大學校長）開創出情緒智能的量測方式，好像也幫不上忙。正如《心智解構》最初的評論者所言，試圖改變心理學者對於智能以及如何測量智能的看法，就像試圖搬動墓園裡的墓碑一樣困難。

心理計量學者活在和教育工作者與商人的截然不同世界裡，或者應該說，跟我們其他人的世界都不同。雖然多元智能和情緒智能都不太可能在大學教科書裡博得一席之地，但這兩者在大眾文化中眾所矚目，卻是個無法忽視的事實。用我的話來說，這兩者是博大精深的學術統合成果，並且已經「改變了人們對話的內容」。

雖然這樣類比未必準確，而且有可能被說是往自己臉上貼金，但我還是想提一下心理分析學派。佛洛伊德（Sigmund Freud）和他的追隨者（包括我的恩師艾瑞克森）所發展出來的概念，從未被心理學界廣泛接受。就某些角度而言，這似乎也是合情合理，畢竟無論是伊底帕斯情節、死之本能、肛門期與性蕾期等發展階段等，往往禁不起仔細推敲，遑論為系統性研究所證實。那些概念或許談的只是一九〇〇年前後的維也納，或是佛洛伊德自己的心理狀態，而不是跨越時代與文化差異、適用於每一個人的「人性」。

然而，佛洛伊德對潛意識機制及夢境重要性的發現，以及艾瑞克森提出的人格發展階段與認同危機概念，都抓到了人性中的重要內涵，或者至少是透過觀察、剖析與概念化而形成的當代人性認識。若依本書所使用的語彙，我會稱之為「改變了人們的對話內容」或「提出令人信服的統合」。誠如詩人奧登（W. H. Auden）追悼佛洛伊德的詩作：

「對我們來說，如今的他已不再是一個個體，而是一整個時代的輿論氛圍。」

可以肯定的是，人們並不會完全或永久地改變對話內容。無論理由充分與否，許多人就是想繼續之前舊有的話題，不管是相信單一智能，或是相信潛意識並不存在。但就像親朋好友間的閒聊那樣，學術對話總是在持續變化，有時會走回過去的老路，然而在某些令人振奮的時刻，也可能激發新的想法、新的概念、新的見解。而我確實是如此衷心期盼，希望與我有關的概念與行動，也能朝著這個方向持續發展茁壯。

相片輯二

作者的導師，心理分析學者艾瑞克 · 艾瑞克森

作者的恩師之一，派翠西亞．葛拉漢院長

蘇珊 · 蘭格
（刊登照片已獲「the Estate of Susanne K. Langer」許可）

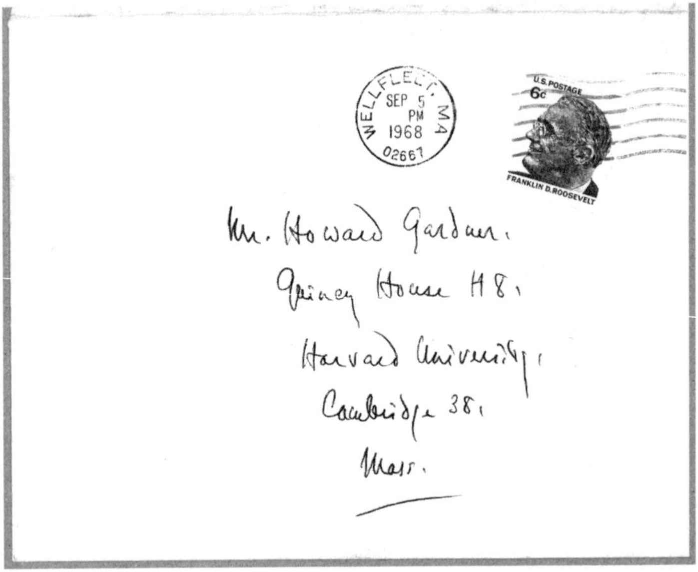

EDMUND WILSON REGRETS THAT IT IS IMPOSSIBLE FOR HIM TO:

READ MANUSCRIPTS,
WRITE ARTICLES OR BOOKS TO ORDER,
WRITE FOREWORDS OR INTRODUCTIONS,
MAKE STATEMENTS FOR PUBLICITY PURPOSES,
DO ANY KIND OF EDITORIAL WORK,
JUDGE LITERARY CONTESTS,
GIVE INTERVIEWS,
CONDUCT EDUCATIONAL COURSES,
DELIVER LECTURES,
√ GIVE TALKS OR MAKE SPEECHES,
BROADCAST OR APPEAR ON TELEVISION,
TAKE PART IN WRITERS' CONGRESSES,
ANSWER QUESTIONNAIRES,
CONTRIBUTE TO OR TAKE PART IN SYMPOSIUMS OR "PANELS" OF ANY KIND,
CONTRIBUTE MANUSCRIPTS FOR SALES,
DONATE COPIES OF HIS BOOKS TO LIBRARIES,
AUTOGRAPH BOOKS FOR STRANGERS,
ALLOW HIS NAME TO BE USED ON LETTERHEADS,
SUPPLY PERSONAL INFORMATION ABOUT HIMSELF,
SUPPLY PHOTOGRAPHS OF HIMSELF,
SUPPLY OPINIONS ON LITERARY OR OTHER SUBJECTS.

艾德蒙・威爾森寄給作者的回函

FRAMES
OF MIND
The Theory
of Multiple
Intelligences
BY
Howard
Gardner

《心智解構》初版封面

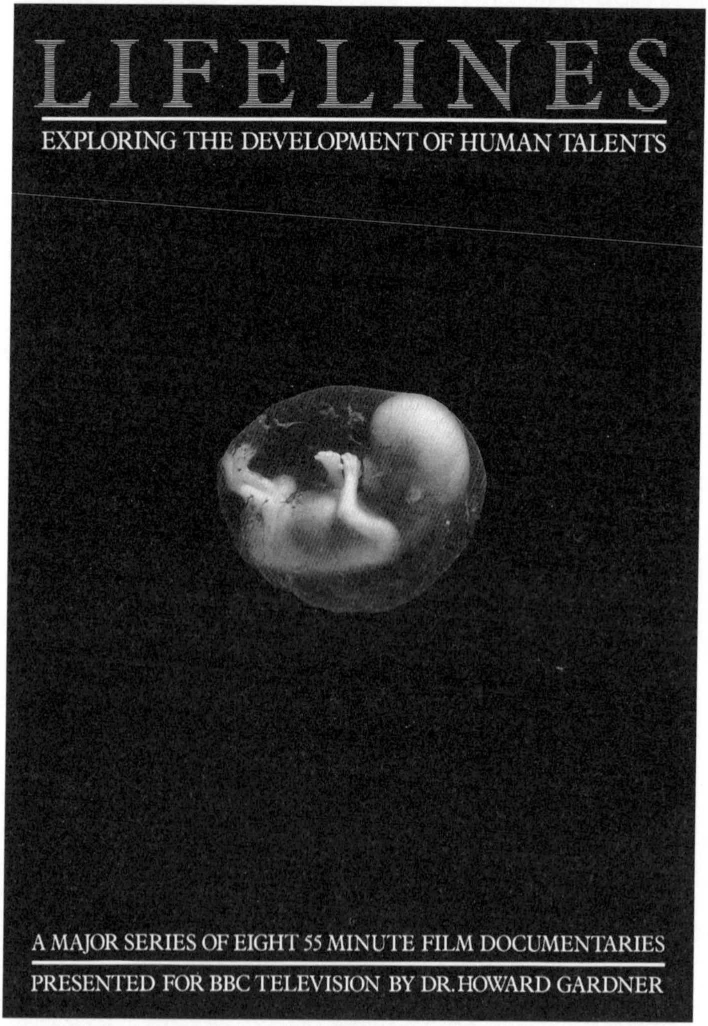

命運多舛的BBC節目《生命線》之手冊封面

作者的恩師之一，大衛．黎士曼教授

「優職計畫」研究團隊，時約2000年

霍華德和「優職計畫」同事威廉．戴蒙（中）及米哈伊．契克森米哈伊

September-October 1990 / $4.50
HARVARD
MAGAZINE
How Do Children Learn Language?
Psycholinguist Roger Brown has devoted thirty years to understanding this astonishing feat
Brown with research associates Benjamin Gardner, Wolfgang, and Ernie.

《哈佛雜誌》（*Harvard Magazine*）封面，左為羅傑．布朗，右為作者的兒子班傑明

August 8, 2017

To: Arlie Hochschild
From: Howard Gardner

Dear Arlie,

I don't believe that we have met, though I have known about your work for many years and heard that you made a very successful visit to the school where I teach, some months ago.

Like thousands of others, I found STRANGERS IN THEIR OWN LAND a very powerful work. I've recommended it to many others, and have compared it (to those who have some sociological memory, including Nathan Glazer) to THE LONELY CROWD.

Recently I have started a blog in education. A friend and colleague, Susan Engel, wrote an interesting blog in response to the recently reported Pew finding that Republicans believe that higher education is bad for the nation. Having been immersed in your book, I decided to respond, taking on the voice of a Trump supporter from the deep South. I include a link to the blog post for your possible interest.

https://howardgardner.com/2017/08/08/republicans-are-right-college-matters/

In appreciation and with best wishes.

Howard

August 9, 2017

To: Howard Gardner
From: Arlie Hochschild

Dear Howard,

I remember sitting as a sophomore on the front lawn of the Swarthmore campus, talking to my boyfriend, -- now husband of 42 years—saying, what I'd really love to do is write a book like The Lonely Crowd. So thank you for saying that. And I've long appreciated your illuminating work on multiple intelligences. I'm a fan back. And thanks for your thoughtful blog—we have much work to do.

All the best,
Arlie

社會學家亞莉．霍希爾德（Arlie Hochschild）寫給作者的信

作者的紀念文集封面。攝影者為杰 · 加德納

作者與母親希爾德・加德納

作者彈奏手風琴，時約2000年

作者全家福，攝於2019年5月

UNPACKING THE SYNTHESIZING MIND

第三部

解析統合心智

第十章　從優職計畫到面向教育領域

在繼續「維護」多元智能理論的同時，我也致力於開拓性質各異的研究計畫。就基本層面而言，這些行動讓我愈來愈清楚自己的定位以及維生之道。在日益深入探索的歷程之中，這些行動更提供我嶄新的觀點，洞見我自己的心智是如何運作的。

當學者有個特別的待遇，就是有機會利用暑假或是休學術假時，去一個自己喜歡的地方，進行一個或甚至多個研究計畫。一九九四年到一九九五年間，當時正在撰寫〈對多元智能理論的思考：迷思與要旨〉（Reflections on Multiple Intelligences: Myths and Messages）一文的我，有機會到位在加州北部的「行為科學高等研究中心」（Center for Advanced Study in the Behavioral Sciences）度過一年時光，該中心占地好幾畝，毗鄰史丹福大學校園，景色相當優美。

和我一同休學術假的，還有當時任教於布朗大學的戴蒙，以及任教於芝加哥大學的契克森米哈伊，他們兩位都是知名的心理學者，我們三人本來就是敬重彼此學術成就的好朋友，但過去從未合作過。現在，我們終於有機會將三人各自的背景、優勢與興趣，結合在一個共同提出的研究計畫之中。

與兩位傑出學者攜手同行

當時，戴蒙已經是全球在道德發展領域首屈一指的專家，他的研究主要聚焦於在家長、教師和學生自身努力之下，兒童和青少年的道德發展如何進行。而社會心理學者契克森米哈伊不僅是創造力領域的專家，還發明一種巧妙的人類經驗取樣法。他設計了可附著在衣物上的電子呼叫器，電子呼叫器會定時發出訊號，讓心理學家得以透過受試者的自我報告，監測一整天不同時間裡受試者的感受、感覺和體驗。契克森米哈伊還被公認為「心流」（flow）研究的先驅，心流是一種寶貴的、愉悅的、全心全意的心理狀態，在這樣的狀態下，一個人會完全沉浸於他正在做的事。

至於我，則是一名發展心理學兼神經心理學者，積極地投入人類認知能力的發展研究。正如第二部所說的，我提出多元智能理論後變得赫赫有名，但由於理論經常遭到誤解與濫用，使我感到憂慮與困惑。

於是，我們三人帶著共同關切的問題來到史丹福。簡而言之，我們想知道的是，一個人能否在擁有**創造力**與**生產力**的同時，也表現得符合**倫理道德**？又該如何做到？或是情況正好相反，如果你擁有創造力，就該拋開倫理道德的束縛，全心全意地追尋自己的熱情；如果這種觀點為真，那將多麼令人感到遺憾。又或許，創意與道德也有可能攜手並進，而我們也確實看得到這樣的例子，像是科學界的達爾文、政治界的甘地（Mahatma Gandhi），以及藝術界的大提琴家卡薩爾斯（Pablo Casals）。

進一步來看，關鍵在於倫理道德介入的時機。在進行創造活動時，一切可能性都應該被允許，甚至受到鼓勵；但在將創造成果「公諸於世」之前，應該加諸倫理道德標準進行檢視。例如原子能的管制措施就是一個典型的例子。此外，其他的研究計畫像是炸藥的發明、基因編輯技術的發現、網際網路與全球資訊網的興起等等，以及當前新興的量子計算、區塊鏈技術、各種深度學習及人工智慧等等，都應該從倫理道德面向做審慎考量。

優職計畫的誕生

在深入思考這個議題時，我們三人有著各自的投入原因。契克森米哈伊以「呼叫器測量法」（beeper method）證明心流的存在後，心流常被視為一種令人嚮往、應該盡可能去追求的狀態。但正如他常說的，保險箱大盜在行竊時也可能感受到心流狀態，但這絕非應該鼓勵或仿效的對象。

戴蒙則發展出「青年憲章」（youth charter）的概念。這份文件的設計初衷，是透過青年、家長與社區的共同合作，協助青年找到具有建設性的人生目標。實踐這份憲章的過程不僅十分耗時，還需要長期投資及多方折衝。但是有些社區把這份章程的採用看成**理所當然**，再加上各方利害關係人不願意投入時間並審慎執行，也不願意進行必要的路線調整。任務與使命，總是「說起來」比「做起來」來得容易。

至於我，我的理論屢屢遭人扭曲與誤用，如前所述，澳洲錯誤的教育干預手段就是一例。我花費精力與時間，記錄人類的各種智能，卻被人劫持來描述文化族群間的先天差異，並暗指這些差異是既定且不會改變的，甚至還訂出特定的教育干預手段。這樣的做法讓我驚駭不已！

我們這三個中年心理學家，如今有整整一個學年的學術假（包含兩個暑假），可以暫別平日的教學與行政責任，在舒適且有支持的環境下安居，有餘裕可以思索那些重要議題，不需要撰寫特定的論文或書籍。（雖然寫作對我們來說並非難事，因為我們都喜歡寫作。藉由寫作，總能幫助我們思考、再思考，而且幸運的話，幾次改稿下來，還能幫助自己和彼此的想法更為精進。）最後，經過無數次的會談、在黑板上振筆疾書和相互留言後，我們共同催生出一個研究計畫，並為這個計畫取了一個相當貼切的名稱——「高尚的創造力」（humane creativity），然後開始著手尋找經費來執行計畫。

一開始，我們寄給六位贊助者補助金申請書，其中只有一位（出乎意料地，是我們之前從未接觸過的贊助單位）表示些微興趣。我認為問題有可能是，我們的研究理念和方法並未充分地向外傳達，此外，「高尚的創造力」一詞也略嫌晦澀，不太討喜，想要拿來說服眾多基金會贊助這個新計劃，顯然並不夠力。

後來，我們重新調整這個計畫的名稱，研擬適切的資料蒐集與分析方法，最後吸引了不下二十五個贊助單位。這個計畫後來獲得十年經費，參與的研究人員高達數十人，研究場域橫跨了五所不同的學校。

為了證明加州氣候四季宜人，契克森米哈伊很快就從芝加哥搬到南加州的克萊蒙特（Claremont），而戴蒙也從一樣寒冷的新英格蘭搬到史丹福。我則留在原處。（當新英格蘭天氣嚴寒時，我會不斷安慰自己，只要我能持續動腦想事情，我就還能撐得下去！）即使當時還沒有通訊軟體，但我們總有辦法保持聯絡，經常互通電話、用電子郵件或便箋等方式，協調下一次的會議時間。我們有時會在彼此的學校見面討論，此外，當我們的行程一致時，也會臨時安排會面，或者刻意調整讓行程重疊。

一個大型的統合研究計畫

過沒多久，這個計畫被更名為「**優職計畫**」（Good Work），這個名字比起「高尚的創造力」，來得活潑、愉快多了。我們原本的訴求不變，也就是想了解創造力和高尚情操之間的關係，但我們以更嚴謹的方式來思考這個問題。更明確地說，我們決定研究**各行各業人士**，他們所從事的可能是受人敬重的行業，像是法律和醫學；或是志向遠大的行業，像是新聞寫作和教育專業工作；或是像是商業、慈善與藝術等領域。我們並非依循一個或多個標準作為對特定工作專業（或非專業）地位的評鑑方式，而是源自於對於專業（或非專業）工作現有的社會學標準。

我們的研究方法是針對每個行業相當數量的工作者，進行深度的半結構性（semi-structured）訪談；最終，資料蒐集包含九個不同工作領域、超過一千兩百則訪談。然後，我們閱讀訪談稿、分析資料，共同進行深入的反思，最後撰寫成研究發現。這是一項集結眾人之力的研究，最終產出十本書、數十篇論文，以及各式各樣更實際的作為。[1]

印象中我當時並未使用「統合」一詞，但這顯然是個**大規模的統合型研究計畫**。有別於之前我負責的「人類潛能計畫」（見第六章），主要是由我自己產出最後的統整，「優職計畫」的成員結合了三位知名學者（處於職涯中段的三個中年人），再加上近十位才華洋溢的研究人員，好幾位都擁有博士學位。當然，統合並不容易，也不會自動產生。研究團隊歷經好幾輪的提案與修改，直到產出被我們認為最詳盡、也最令人滿意的描述，以及最合適用來介紹這些概念的用詞與架構。

你可能很納悶，這個由三個經驗老到的學者共同進行、合作超過十年的計畫會是什麼樣子？我覺得這個合作案是我學術生涯裡的亮點之一，不管是在研究成果的產出效率，還是在過程中獲得的樂趣與學習，都與我在零點計畫（工作時間已經超過五十年了）和波士頓榮民醫院（工作時間二十年）的研究不相上下。雖然我們三人都是中年白人男性教授，但在背景與人生經歷上卻大不相同。[2]我們一直都是敬重彼此的好朋友，願意互相討論並消弭歧異。至於在寫作這方面，我以前常打趣說，戴蒙擅長提供辭藻與靈感，我則擅長彙整出可供使用的草稿，契克森米哈伊負責提供脈絡、洗鍊、甚至是人生智慧。就這樣，我們共同把手中泛泛而談的一篇篇草稿，轉變成可供正式出版的文章。

以上這些，都是在我們開發出「同心協力計畫」之前的事（見二三〇頁）。

在此，我不能擅自描述資深同事的想法，更別說是參與計畫的十幾位年輕研究者和研究助理（團隊合照請見頁二六〇）對研究歷程中的想法。我只能說說我自己在這個計畫裡做的事。

1 這些內容都可以在thegoodproject.org網站中找到。

2 契克森米哈伊在匈牙利出生，從小接受耶穌會教育，成長在飽受戰爭蹂躪的歐洲。獨神論派的戴蒙成長在麻州，不知父親何許人也。我來自關係緊密的德國猶太人家庭，舉家移民到賓州東北部。

和我研究多元智能理論不同，「優職計畫」並不是以處理書面資料為主，而是在數百場的採訪中，訪談備受敬重的各界專業人士，我也親自讀完所有的訪談資料。我還寫了筆記和備忘錄，記錄我從每一個訪談中看到的亮點，同時閱讀並傾聽團隊裡其他人的看法。訪談原則主要是受到研究方法的影響。我們需要了解受試者屬於哪一個行業、擔任的角色為何、如何回應各式各樣的突發問題，以及倫理上遭遇的兩難處境；我們也會觀察受試者回答了哪些問題、提出了哪些問題、在哪些問題上支吾其詞或迴避回答，以及是否願意以任何形式接受後續訪談。

最後，我們需要審視及整理大量資料。此時我做的事，更像是十五年前在「人類潛能計畫」所做的。我繪製清單、表格、矩陣表、圖表，所有的一切全都是為了要分析所得到的資料，並以清楚易懂的方式傳達給他人知道；幸運的話，還能讓他人信服。

一言以蔽之，我完成了最後的統合工作，而我的同事們也得跟著我一起進行統合。最後，在好幾個月的良性交流與批評檢閱後，我們擬定出大家都覺得正確且滿意的專門用語及結果分析。

優質工作者具備的條件

在此，我可以幫你省掉另外再做延伸閱讀和整理的功夫，直接說明「優職」的基本要素。簡單地說，一個把工作做好的人，通常會表現出三項特質：

1. 在工作上的表現**優秀**（Excellent）。
2. 願意**積極投入**（Engaged）工作。
3. 能以**符合職業道德**（Ethical）的方式從事工作。

換句話說，一個人在工作上必須三者兼備，才稱得上是優職工作者。由於三個形容詞在英文中都是以字母E開頭，因此我們特別設計了一個三元素相互交織的視覺圖像（見下頁）。ENA的三股螺旋可以幫助讀者清楚掌握優職精神，並與DNA的雙螺旋結構遙相輝映。

你可能很納悶，這和多元智能有什麼關係？或者和契克森米哈伊的心流、戴蒙的

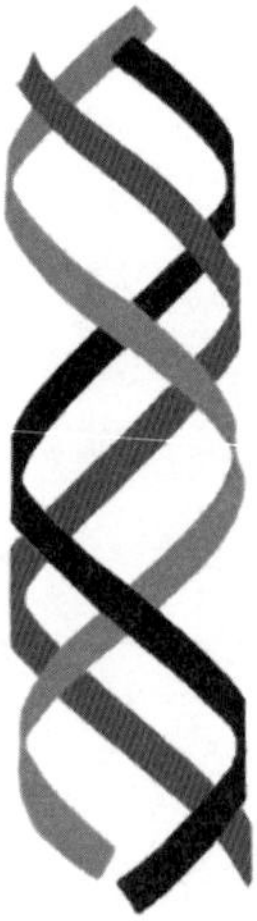

表現優秀　符合道德　積極投入

青年憲章有什麼關係？一方面來說，這三個E是脫胎自我們三人各自的學術專業——戴蒙是倫理道德領域的專家；契克森米哈伊是最佳體驗和全心投入的專家；而我則有志於掌握人類智能領域（包含藝術認知）的卓越表現。因此，這個研究可說是把我們三人的專業合而為一。此外，外界對我們之前各自的學術研究有著形形色色的詮釋，但有時不是有所誤解，就是偶爾還遭到他人濫用或誤用，因此這個研究也有助於我們處理各自面對的挑戰。

也正是從那個時候開始，只要我針對多元智能進行撰文或演講，我都會指出多元智能是「非道德」（amoral）的——請注意，不是「不道德」（immoral）！任何一種智能都可以被用作合乎道德或違反道德的事。正如詩人歌德（Goethe）和宣揚納粹思想的戈培爾（Goebbels）都是德語大師，我們可以說他們運用了同一種智能。然而同樣是運用語言智能，歌德寫出了生動的文學作品，而戈培爾卻用它來煽動對猶太人及其他民族的仇恨。

舉一個更近期的例子，南非前總統曼德拉（Nelson Mandela）和南斯拉夫前總統米洛塞維奇（Slobodan Miloševi）都擁有高超的人際智能。米洛塞維奇運用該智能來掀起種族仇恨與屠殺；曼德拉運用個人領袖魅力避免流血事件，一統衝突不斷的國家。在總統就職典禮上，曼德拉更邀請他坐牢時的獄卒成為座上賓，這真是結合才智與道德的經典案例。

「優職計畫」及其分支計畫構成過去二十五年來我大半的思想與研究，戴蒙、契克森米哈伊以及和我們密切合作的同事們也是如此。後來，隨著我們催生出各種相關研究計畫，我們又把計畫名稱簡化成「優計畫」（Good Project）。現在，我們致力於更新計畫概念，並進一步把計畫擴展到全球，也就是「優計畫2.0」。我本人也有幸能夠參與許多其他相關研究，並針對廣泛主題持續撰文著書。

多元智能理論的教育應用

當我提出多元智能理論時，我覺得它是個心理學領域的研究，涵蓋認知心理學、發展心理學，以及少量的神經心理學。至於多元智能理論在教育領域的意義為何？我是到很晚才開始思考，並在撰寫《心智解構》一書時，才在最後一章謹慎地論及這個主題。然而，如同我在本書第二部所述，許多對於多元智能理論產生即時與長期關注的讀者，大部分都來自於廣義而言的教育領域。

於是，因為意識到教育界對我的概念有興趣，我開始針對教育進行審慎地思考並認真寫作。一開始，不意外地，我取材自我在發展心理學上累積的知識；所以我在教育領域的初試啼聲之作，就是描述「未受過學校教育的心智」（unschooled mind），該書亦以此為名。我勾勒出孩童在接受正規學校教育之前所展現的能力與傾向，以及這些孩童一旦就學、和其他孩子同班、由（但願是）稱職的教師領導，並被要求精熟課程、練就周遭文化所重視的相關技能時，他們會面臨的挑戰和機會。

一開始，我對教育的看法深受哲學家杜威（John Dewey）、以及我自己的老師兼導師布魯納的影響，而布魯納自己也服膺杜威哲學。但是，我很快就發現自己採取相左的立場。五歲或六歲的孩童並不是一張白紙（如同經驗論思想派的哲學家與心理學家所主張），也不是小科學家或小哲學家（如同樂觀的教育當局所提倡），在我看來，他們已經發展出思考的方式，而這些方式很多層面**不利於**學校課程活動。閱讀和寫作並非單純只是把聽和說化為文字；文字是複雜的符碼，有法則、有規範、有容易犯的錯誤。人類這種生物，幾千年來並沒有演化出與生俱來的讀寫能力。這是近期的文化產物，代表艱鉅的學習挑戰，對於許多幼童來說更是如此。

依循上述論點，我提出自己的主張。我認為以數學、科學、藝術等方式進行思考與學習，是需要抑制「直覺的理解方式」，甚至需要將之解除，使之失能（如果你願意這樣形容的話）。那些根深蒂固的思考方式，在人類演化的漫長過程中必定有其目的，但是這些思考方式對「受學校教育的心智」構成顯著的障礙。因此，《超越教化的心靈》（*The Unschooled Mind*）一書中，有許多對刻板印象及錯誤觀念的描述，那些就是讓「學校學習」變得困難的元凶。我們可以稱這些錯誤觀念為孩童的「直覺統合」——未受過學校教育的心智根據現有的經驗及可能有的一些天生偏好，整理與組織訊息的方式。（天生偏好通常稱作「內在知識」，但認知發展專家對其可能性爭論不休。）

舉例來說，如果乙事件接著甲事件而來，那麼我們通常就會判斷：「甲是乙的起因」。或者，如果某人和你的外表相似，或是說話與思考的方式類似，那麼你可能會認為他是「好人」；如果某人和你外表不同，說的話與想法也不同，那麼你可能會認為他就是「壞人」。即使是在科學或社會科學課程獲得優異成績的一流學府大學生，一旦交了期末考卷後，也常常回到兒時的錯誤觀念。那些最初的直覺統合不論從何而來，都會對我們造成非常大的影響力。

正視正規教育的挑戰

《超越教化的心靈》出版後，我又寫了兩本書持續開展這條思路。

在《學習的紀律》（*The Disciplined Mind*）一書中，我描述學生在教師、課本與考試的協助之下，精熟小學與中學主要學門上的努力成果，而那些「科目」是在文化或跨文化發展了幾個世紀而來的。我特別關注的是自然科學、社會科學（或社會學）、藝術與人文領域。我認為正規教育最重要挑戰，就是把尚未受學科訓練的心智所萌生、容易產生錯誤的早期直覺統合，轉換成幾個世紀以來由嚴肅的思想家所累積而來的思考與概念，例如以科學取代常識（和無稽之談），以歷史學取代天馬行空的故事，以社會科學取代民間傳說與格言古諺，以實徵心理學取代庶民心理學等等。

這是在我的學術論述中，首次闡明課程教學與多元智能之間的關聯。我談到如何透過建立幾個「切入點」（entry points），來傳達那些難以理解的概念或複雜理論，而每個切入點都有側重的特定智能。這些切入點包括抽象的邏輯推論、長篇敘述，到具體的藝術作品、「動手做」活動等等。正如我在書中所說，對於那些重要但困難的概念，教師可以採取**多重性**（pluralization）的呈現策略：透過簡述故事、邏輯分析、展示藝術作品、動手操作活動等不同方式來加以呈現；讓學生能夠採取**個人化**（individuation）的學習方式：根據自己的優勢智能加以理解（每位學生的優勢智能都不盡相同，也就是說甲生會運用某幾種智能組合來理解概念，而乙、丙、丁生也會各自運用他們自己的優勢智能組合）。

多元智能在教學上的實際應用，已經證實能為教學者提供顯著幫助：過去他們往往是複製**自己當年所受教育**，或是自己過去理解這些概念的方式，因而落入以單一方式教授困難教材的窠臼之中。

在《學習的紀律》中，我針對這種方法提供了相當具體的例子，我針對三個主題提供示例，分別為：達爾文提出的演化論、莫札特譜寫的音樂作品，以及二戰期間納粹對猶太人進行的大屠殺。我強調這三個主題只是拿來作說明的例子，並示範這三個主題如何以多種方式作呈現（**多重性**）。

例如在達爾文演化論主題中，可呈現他在實驗室的實驗，或是他在加拉巴哥群島的探索旅歷；在莫札特主題中，可透過歌劇《費加洛婚禮》（*The Marriage of Figaro*）的故事情節，或探討莫札特如何完成為詞譜曲的挑戰性工作；納粹屠殺猶太人主題，則可透過反猶太主義的興起，或德國在第一次世界大戰成為戰敗國的背景故事作呈現。而為了和多重性相輔相成，我也闡明何以甲生透過邏輯分析能學得最好，而乙生是透過故事敘述，丙生則是透過動手做活動或藝術創作（**個人化**）。

擘劃新時代的教育遠景

我的第三本教育領域書籍是《重新建構真、善、美》（*Truth, Beauty, and Goodness Reframed*），這是最貼近我心靈與思想的一本書。這本書精裝版的副標題平鋪直敘地道出書中重點——「二十一世紀的品格教育」（*Educating for the Virtues in the 21st Century*）；但是平裝版的副標題顯然要生動許多，根本可說是太符合時勢了——「感實與推特時代下的品格教育」（*Education for the Virtues in the Era of Truthiness and Twitter*）。

這本較近期的書，無論在書名和內容都採用我中學母校懷俄明的校訓：「真、美、善」（*Verum, Pulchrum, Bonum*）。我認為，教育除了在培養學生的基本素養之外，應該以這三個經典品德為主要目標。

在書中，我首先簡明扼要地界定這三者——**真**，是關於命題的正確性、不正確性以及不確定性；**美**，是能吸引人注意、令人難以忘懷、值得重複的經驗；**善**，是我們和他人（不論是遠近親疏）之間關係的品質。接著，我爬梳出現代教育機構內外對品德概念常見的誤解。最後，我探討了伴隨品德教育而來的挑戰與機會，尤其是在品德陷入空前危機的當今世界。事實上，我前一本書中舉出的三個例子，就已經反映出「真」（達爾文的演化論）、「美」（莫札特的歌劇作品）、「惡／無善」（屠殺猶太人的暴行）這三大主題。

我在二十一世紀第一個十年之末撰寫這本書時，已經看出品格教育所面臨的種種威脅。這些威脅來自於某些形式的人本主義分析，像是後現代主義就連**談論**品德，都要質疑其效度；也來自某些無所不在、容易操作的科技產品、網際網路與社群媒體。當時我也參與了一個探討這些新興科技的研究，研究成果詳述於《破解APP世代》。

但是，幾乎沒有人（當然也包括我在內）知道，究竟如何在這個感實（truthiness）、推特和（我不得不加上）川普與英國脫歐的時代，對於什麼是真、什麼是善的一貫概念保持中立，這真是極為嚴峻的挑戰！我雖然持續在講座中探討這個主題，但我必須承認，堅持傳遞這些美好的品德，將面臨愈來愈大的挑戰，落實上更可能是不可企及。不過就我之見，身為人類仍必須持續探詢真、善、美，除此之外我們別無選擇。

最初我涉足教育界，是著重在學齡前到高中階段的孩子。隨著我對於教育研究的關注，逐漸將目光轉移到更高的年齡層，開始觀察青少年及其使用數位及社群媒體的狀況，以及年輕人對於工作的態度等議題。我發現許多青少年有志行善，但往往是在他們**利用現成手段獲得名利雙收之後**。有鑑於這個令人不安的結論，我獲得老同事萊特（Richard Light）的專業建議下，和我多年的同事費奇曼合作，著手進行一項極具野心的研究計畫，開始考察美國的非技職高等教育。

我們專業的研究團隊成員，在十個異質的校區進行超過兩千場半結構性、為時一小時的訪談，所有訪談內容我都親自讀過。訪談對象包括即將入學的新生、即將畢業的學生、教職員、資深行政人員、家長、校友、學校董事、約聘人員等。我們的目標在於蒐集量化與質化資料，提出可供高等教育具體可行的決策參考。我們衷心期盼的高等教育，不只是為未來準備的職業教育，是有充分空間可以追求真、善、美等良好品德，並教導學生對於不具品德的事物投以批判眼光。不用說，像這樣的研究同樣需要運用極大的統合功夫。這個研究或許是我同事和我所做過最具挑戰性的學術研究。順利的話，當你讀到這段文字時，我們已經完成當代高等教育的分析並撰寫成文章，甚至連書都出版了。*

＊譯注：這本書已於二〇二二年三月問世，書名為《現實世界裡的大學：美國高等教育現況與展望》（*The Real World of College: What Higher Education Is and What It Can Be*）。

持續研究和對話

當我整理自己年輕時代的作品，我驚訝地發現，青少年時期的我就對教育議題很感興趣。事實上，在中學時期的校刊中，我就曾寫過對於標準化測驗、ＩＱ與美國中學的看法，甚至還探討了博雅教育。但要是我沒有提出多元智能理論，因而引起不同學習階段、不同學科領域教育者的莫大興趣，我可能永遠不會在之後數十年間，持續地思考教育人類心智的理想之道。如今，這個難題已成為我每日每夜思考的主題，也造就其他的研究計畫，需要持續不斷地進行反思、設計研究、蒐集資料、分析、最終運用綜合統整。

對於需要蒐集大規模資料的研究，在籌備上往往特別需要費盡心思。一開始，不管是我自己或是跟熟悉的同事一起，我會先稍微敘述自己有興趣的方向與原因。然後，我會和同事討論可行性，尤其是與我一同工作已超過半世紀的零點計畫同事們。許多比我年輕的同事後來也將人生歲月投注在研究中，我們一起組成小團隊，努力把研究縮小（或者是擴大，不過情況極少）到合理的範疇，並在爭取到經費後努力執行計畫。

經費籌募工作主要是由我來負責。十幾年來，資金的來源不盡相同。研究計畫的經費主要來自美國政府（國家科學基金會、國家健康研究院、或是規模較小的教育局、處、部門）、大型與小型基金會、財力雄厚的個人，有時候還有我自己藉由公開演講及寫作獲得的酬金。撰寫本書時，我回頭細數多年來我和多少資助單位接洽過，結果發現竟超過三百個，如果不把重複贊助者算進去的話，也大約有超過一百個不同的資助單位。如果沒有這麼多機構和個人的慷慨解囊，我絕對不可能達成今日的成就；當然，我鍥而不捨地四處找經費也有功勞。

這幾十年來，我執行過數十個研究計畫，實際工作內容自然會隨計畫性質而有所不同。但在參與每一個研究計畫的過程中，我每週都至少會和研究團隊正式開會一次；即便成員身處於地球各個不同角落，我每天也會花許多時間和成員們互動與對話。我們經常交換彼此的意見、想法與直觀感受，並盡可能坦誠相待、避免不必要的尖銳批評。

在進行訪談或分析詮釋資料時我們通常會一起工作，我也盡可能和同事合著或合編論文或書籍。我們不僅僅是發表論文，還會尋求適當機會，讓研究成果在現實世界中獲得實踐、創造正面影響。正如每當被要求言簡意賅地介紹零點計畫，我總會打趣地說：「我們的任務是發展各種想法，並試著將它們推往正確方向。」若要問這麼多年來，我為零點計畫做出哪些獨特貢獻，我相信答案應該會是——我有能力執行統合工作，並引導其他成員進行統合思考。

教育工作者的心流

到目前為止，我已經詳述過去幾十年來，我在研究計畫上的思考與工作模式。但是你或許會問，我日常的工作呢？

從一九八〇年代中期開始，我成為哈佛教育學院的終身教授。因為這個身分，我必須參與教師與委員會會議，並且完成哈佛教育學院院長與哈佛大學高層交辦的各項事務。

當然，長久以來我的主要工作是授課（直到二〇一九年春季，我成為研究教授為止），開設的課程則是以教育學院碩、博士班研究生為主，但有時也會為其他學院的學生開課。幾十年來，我在學院裡的隸屬系別多次變動，課程主題也從「人類發展」、「藝術教育研究」到「心智、大腦與教育」，再到最近的「高等教育」。因此，我開設的課程主要是針對那些對上述專業領域感到興趣的學生。

不管是大班授課（包括線上直播或預錄講座），或是有限制人數、強調討論和辯論的專題研討課，以各種標準來判斷，我都算是一個還不錯的老師。我認真看待我的教學工作，迅速但仔細地閱讀每個學生的報告，努力地了解學生的特點，即使是把期末分數交出去後，有時仍會和學生保持聯繫。

然而對我來說，唯有在與個別學生針對重要研究（尤其是**他們自己的**研究）進行廣泛且深入的交流時，我特別能感受身為教育工作者的「心流」。

幾十年來，我有幸和數十位博士班學生、數十位零點計畫研究人員一起工作，研究範疇不僅橫跨我在學校任教過的四個領域，還包括一九六〇年代以來「零點計畫」所進行的大量研究。當我翻閱自己那一長串發表論文的清單時，總會開心又自豪地想起我曾有幸指導過的這一百多位學生。借用「優職計畫」的精神來說，我衷心期盼自己是個稱職的導師，或者至少能為學生帶來一些幫助，而不要成為學生的苦難來源或反面教材。

身為受聘於哈佛大學的授課教師，我謹守認真授課的職責，並由此獲得報酬。但身為指導學生（以及指導學生的學生）進行研究的導師，我從中所得到的滿足，卻往往超越了薪資報酬，對於學生的成就更是引以為傲。

我願以這本回憶錄，向我的恩師們表達由衷的感謝，也謝謝我的高徒們為我帶來教學相長。

第十一章　跨越研究領域的藩籬

一九七五年，我收到大學教授葛羅斯（Larry Gross）的來信。葛羅斯知道我在一九七三年寫了《藝術與人類發展》，而且同一年還出版一本關於皮亞傑、李維史陀和結構主義運動的書。葛羅斯信裡說：「你知道嗎？有個人寫了一本書叫做《破損的心智：人在腦傷之後》，而且他跟你同名同姓耶！」

一時之間，我還真不知該如何回覆他。儘管《破損的心智》在外人眼中或許領域跳太大，但我其實在波士頓榮民醫院的失語症病房工作了好幾年，自認有充分的知識，足以撰寫腦傷對於人類認知的影響。在這一點上，我不僅承繼了蘇聯神經心理學先驅魯利亞（A. R. Luria）的傳統，而且就像前面已經提過的，我比英裔美國神經心理學家薩克斯更早開始採取這種生動的書寫風格。於是，我只好愧疚地跟葛羅斯「認罪」——就是我！是我寫下那本似乎不該是我寫的書。

對認知科學的探索

不知為何，我一直充滿好奇地探索周遭世界，對我所聽到的、讀到的、觀察到的事物都深感興趣。我喜歡竭盡所能地去研究，然後將一切全都寫下來。寫作對我來說不僅意義重大（唯有當我看見自己寫了些什麼，才能確定自己知道並思考了些什麼），也是一種把我腦中想法傳遞給像我一樣對世界充滿好奇的人的方式。否則，為什麼我會從小學二年級就開始辦報紙？為什麼我會如此渴望成為高中校刊《意見領袖》的編輯？為什麼我會在部落格上固定每兩週寫一篇文章，直至今日依然如此？（從二〇一五年到二〇一九年末，我共發表了三百多篇部落格文章。）

像我這樣一個熱愛藝術的心理學家，卻跑去寫一本有關大腦損傷的書，對葛羅斯和其他人來說可能會覺得驚訝；但就我來看，這根本是再正常不過的事。

葛羅斯對《破損的心智》的感受，在十年之後的一九八三年，很可能又再次在人們心中完美重現，因為這年，我出版了個人代表作《心智解構》。短短兩年後（一九八五年），我又出版一本大部頭的書，探索一個當時人們還很陌生的新興領域。

在那之前幾年，我耳聞有個叫做**認知科學**的新研究領域，位於紐約的艾爾弗史隆基金會（Alfred P. Sloan Foundation），則挹注可觀的經費來資助與拓展這個新興學術分支。然而，當我詢問許多人：「認知科學是什麼？」卻無法得到一致或有說服力的答案。

於是，在史隆基金會的一筆微薄經費贊助下，我決定要找出這個問題的答案。依照慣例，我開始廣泛閱讀、四處請益。研究補助讓我有機會休假並前往全國各地（甚至國外），去訪問這個新興領域的關鍵人士。我最終得出的結論是——認知科學是由六個過去各自獨立的研究領域所統合而成。因此，這本書包含探討哲學、心理學、人工智慧、語言學、人類學與神經科學的章節。我努力地掌握這六個領域的精髓，並期許自己對每個領域都至少達到研究所新生以上的程度，最後寫出一本書名和副標題清楚明白的著作《心智新科學：認知革命的歷史》（*The Mind's New Science: A History of the Cognitive Revolution*）。

這本書讓我能結合多種領域的興趣，並善用我的寫作天賦。我對廣義的心理學和心智很感興趣，當時也已經寫了四本書名中有「心智」（mind）一詞的書，而且之後可能還會再寫好幾本。我敬重跨領域研究，畢竟那時，我仍深陷於哈佛社會關係系之死所帶來的哀痛，不願被歸類於單一學術領域。我是長期研究人類發展的心理學家，但同時也是曾致力於成為歷史學家的人，所以免不了會用歷史的角度看待人物與事件。或許這也反映了我高中時當記者、大學時當民族誌學者的短暫職涯，我喜歡採訪知識淵博的人物，而且訪談技巧相當不錯，善於提出當時人們所關注的議題。

然而，《心智新科學》一書仍有不足之處。首先，雖然認知科學顯然脫胎自二戰期間出現的概念和科技，但我在書中卻將這些新刺激的影響降到最低。再者，我談歷史背景時總圍繞著古希臘柏拉圖和亞里斯多德所提出的問題，以及幾世紀後哲學家洛克和康德提出的問題，而不是著重於雷達、電腦和戰時間諜鴿子的出現。其三，我的敘述是以美國為中心，於是把英格蘭、蘇格蘭、德國、蘇聯以及其他研究中心的關鍵發展降到最低。最後，就一個快速發展的領域而言，本書的效期勢必十分短暫。就在本書平裝版印行之際，名為「平行分散處理模式」（parallel distributed processing，簡稱PDP）的新電腦運算方法已然問世，並被廣泛應用在諸多認知科學分支領域之中。

因此，若想新寫一本論認知科學及認知革命的專著，就必須妥善處理上述疏漏。對我而言，這恐怕得大幅更新我那老化的大腦！或許，就像社會關係系那樣，認知科學也是時代的產物、是某段時期的跨領域統合成果，新的跨領域研究（例如人工智慧與基因學研究）仍在持續誕生並引領風潮，等待新一代的統合者大展身手。

不過，這本書也透露出一些我的特點。我比較沒興趣寫定論，也就是最終的統整，我比較喜歡用前所未有的方式，把一些想法或概念擺一起，或至少是搶得先機。我想要盡己所能整理出嶄新的觀點（提出最初的試驗性想法，而不是最終陳述），然後就開始新的回合。從這個角度來看，我很像我的老師布魯納，他多半會做出第一個關鍵實驗或示範，然後就讓其他人仿效；講白一點，就是讓別人去善後。或者就像真知灼見的經濟學家赫緒曼（Albert O. Hirschman），總是毫不遲疑地到處使出他的綜合統整力，並自稱「離經叛道」。

我沒有辦法想像數十年都在研究美國總統詹森（Lyndon Johnson）的政治歷史學者卡羅（Robert Caro）是什麼感覺；或者是成為文學歷史學者埃德爾（Leon Edel），他花了數十年記錄小說家詹姆士（Henry James）的生平。但也許這兩位傳記作者會說，詹森或詹姆士是自成一格的小世界，很像我至少研究了半個世紀的「心智」。

對創造力的深度探索

在探索認知科學後的十年間，我再次放任我的好奇心（也就是我拋給自己的問題），往全新且意料之外的方向前進。我寫過關於智能與多元智能的專書，關於藝術的書寫也小有名氣，著作包括《藝術與人類發展》（一九七三）、《藝術的塗鴉》（一九八〇）與《藝術、心智與大腦》（一九八二），有人經常問我：「那創造力呢？」所以，我開始進行以七名偉大創作者為對象的創造力研究，並推測每一位創作者都運用了人類獨有的特定智能。

我選擇研究對象的標準，有一部分是根據我的所見所聞，另一部分則是他們全都是我最敬佩的代表人物。就這樣，我寫了佛洛伊德（內省智能）、愛因斯坦（邏輯－數學智能）、畢卡索（Pablo Picasso，空間智能）、史特拉汶斯基（Igor Stravinsky，音樂智能）、艾略特（T. S. Eliot，語文智能）、葛蘭姆（Martha Graham，身體動覺智能）、甘地（人際智能），並將成果出版成《創造心靈》（*Creating Minds*）。

我常被問到最喜歡自己的哪一本書，我通常會選擇《創造心靈》，原因有二：其一，這是我花了大量時間探究大師的作品。我很享受與七位大師相處的時光，他們都是我會力邀來家裡共進晚餐的人。其二，比起我其他的歷史或傳記類之作，我在寫書的過程中多方查閱原始資料，研究了艾略特的詩作草稿、佛洛伊德的書信、畢卡索的〈格爾尼卡〉（*Guernica*）素描稿、還有少數僅存的葛蘭姆跳舞影像。要是我有整整十年的時間，身體也健康硬朗，我很願意再深入探究其他偉大的心靈。要是有機會擴大範疇，我會選擇更多元的種族，橫跨不同的歷史時期。我之前也曾做一個小型研究，是對吳爾芙、莫札特等人進行個案分析，最後寫成一本小書《超凡心智》（*Extraordinary Minds*）。

並非所有的傳記研究都能取得成果。一九八〇年代，我認識了一位了不起的科學家蓋杜塞克（D. Carleton Gajdusek），他因為發現慢性病毒（slow virus）而獲得諾貝爾生理醫學獎。蓋杜塞克不但是優秀的醫師、醫學知識統合者、還是個人類學家，他運用跨領域知識及卓越的解決問題能力，蒐集與南太平洋數十個部落神祕流行疾病有關的資訊，並抽絲剝繭找出疾病成因及有效預防方式。

因此，我決定寫一本關於蓋杜塞克非凡心智的書，不僅設法得到他的首肯，還找好了出版社。有一天，我在哈佛醫學圖書館專心閱讀有關蓋杜塞克的醫學期刊論文，一位館員帶著意味深長的笑容對我說：「加德納博士，我覺得你應該看看這個。」他遞給我一則報導，內容是蓋杜塞克因涉嫌猥褻兒童而遭逮捕，受害者是他從新幾內亞收養的男童。蓋杜塞克最終選擇認罪協商，在坐牢十八個月後獲准離開美國，有生之年不得返國。

我很掙扎是否要繼續完成並出版這部傳記，但最後得到的結論是：「我不行」。[1]雖然原本預計以蓋杜塞克為主題寫一本小說和一本傳記，但我放棄了這個計劃，而且是永遠放棄。我再次學到教訓，並非所有大有可為的計劃都能有成果。這讓我不得不面對一個殘酷的事實——我非常容易被迷人的人物（以及迷人的心智）所吸引，這種傾向會讓我忽略別人的缺點，有時甚至是非常嚴重的缺點。[2]

對領導力的初步探索

我其他的「觸角」比較難預料，但是意外地頗有成果。雖然我和許多朋友一樣，長久以來是個「政治狂」，但是我從沒好好思考過「領導力」。所以，傑出的歷史學者兼政治學者伯恩斯（James MacGregor Burns）邀請我寫一本關於領導力的書時，我雖心懷感激，但還是謝絕他的好意。

不過，伯恩斯在我心中種下一顆種子。我開始思考領導力，發現自己對這個主題確實有話想說。所以，我仿照《創造心靈》的做法，列出一組高效領導人物。這些人不見得是我很熟悉的人，也不是我厚著臉皮仰慕的人物。我對他們各自的智能（尤其是語文和人際智能）感到興趣，但我決定用他們自己說過的話來敘寫他們，還有這些話在他們生活中確實履行的程度，也就是我所謂的「他們是否說到做到」。確實，如我所述，領導者可以影響他人的心智、感情與行為。最高效的領導者是最會說故事的人，而且說的是聽眾想聽、也需要聽的故事；他同時也會以身作則，做到知行合一。

乍看之下，我列出的十一位領導者像是個大雜燴。這樣稀奇古怪的組合是項優點，也是缺點，但我有我的理由。

1　當時我的心情就如編輯所言：「霍華德，你可能需要非常多緩和情緒的音樂。」

2　基於公開揭露原則，我必須提一下另一個例子。我曾經一度接受艾普斯坦（Jeffrey Epstein）的研究補助。艾普斯坦是魅力十足的投資者，長期贊助哈佛及其他大學許多自然及社會科學領域研究者，但最後卻被揭露其實是個惡名昭彰的性犯罪者。我一得知這項嚴重指控，就斷然拒絕繼續接受他的補助。

人類學家瑪格麗特・米德和物理學家歐本海默（J. Robert Oppenheimer）是學者出身，卻能擁有領導者的地位。赫欽斯（Robert Maynard Hutchins）領導影響力卓著的教育機構（芝加哥大學），而馬歇爾（George Marshall）領導美國陸軍。羅斯福夫人（Eleanor Roosevelt）和金恩（Martin Luther King Jr.）雖然沒有「正式的」頭銜，卻在許多領域發揮了強大的影響力。教宗若望二十三世（Pope John XXIII）利用他的職權，在相當短暫的時間裡帶領羅馬天主教會完成重大變革。柴契爾夫人（Margaret Thatcher）把國家推向始料未及的方向，獲得長期的效應，但也極具爭議。尚・莫內是共同市場和歐盟的推手。最後，我個人的偶像甘地，在二十世紀的前半期，以迄今難以想像的方式改變了世界。我們必須盼望，藉由追隨者如曼德拉與金恩的影響力、甘地的不凡典範，未來能繼續以細心體貼、寬宏大度、和平的方式持續下去。

雖然我當時沒有特別意識到，不過「領導力」和「創造力」這兩個研究也重新點燃我長期的興趣。回想孩提時期的我，臥室裡掛著卡希所拍攝的愛因斯坦與海明威肖像。我不認為當時的我知道他們的生平與作品，但我對世界上很有成就的人確實肅然起敬。在潛意識裡，我不但認同這些人，我也想要起而效尤，留下影響。反思早年的偏見，我的偶像幾乎都是白人男性，有些是猶太人，有些不是。

漂泊在不同領域間的統合者

從某個角度來看，有些人觀察到我這幾十年來的興趣和著作相當繁雜，質疑我就像在亂槍打鳥，甚至想向著我的耳邊大喊：「聚焦！霍華德，聚焦！」或者借用以賽亞・伯林（Isaiah Berlin）的話：「別跟狐狸一樣，要向刺蝟看齊。」

不過，如果從我隸屬的專業學會做觀察，你大概就會理解我那漂泊不定的行蹤了。四十年前，我出席兒童發展研究協會（Society for Research in Child Development）的會議；三十年前，我出席失語症學會和國際神經心理學研討會（International Neuropsychology Symposium）的會議；二十年前，我出席美國教育研究協會和美國國家教育學院（National Academy of Education）的會議。現在，我不參加任何學會的任何會議，不過我挺喜歡參加彙集許多不同領域學者的會議，比方說美國哲學會（American Philosophical Society）、劍橋科學會（Cambridge Scientific Club），以及美國文理科學院（American Academy of Arts and Sciences）。

坦白說，雖然我的這一長串學會資歷，外人乍看之下會覺得很分散，但在我眼中卻不這麼認為。我喜歡把自己想像成肩負起終身任務或是一小組任務，然後耗費數十年光陰，以各種方式持續追求包羅萬象的探索。不過，這麼說似乎有點不夠力，我需要一個論點和一些證據。

受到時代學術精神的影響

所以，讓我們回到我的青少年時期吧。我親愛的弗里茨叔叔有預感我會對心理學產生興趣，因此，他給了我一本心理學教科書，裡頭有關於色盲的描述。弗里茨也為我示範，如何在廣泛探索的同時，心中仍存有疑問或特定興趣。（即使你的思維在游移不定時，也該有個關注點，或至少幾個關注點。）事實上，正因為弗里茨沒有接受正式的高等教育，他很容易遊走於多個不同領域。

我中學時擔任校刊編輯時，就已經在寫教育議題的文章了，特別是中學與大學階段出現的問題。而在懷俄明中學高四專題研討課上，我醉心於美國歷史和文學的全貌，特別是對霍夫士達特和其他廣域史學家，例如戈德曼和帕靈頓的統整論述傾慕不已。

在大學裡，我珍惜廣泛修課的機會，也旁聽許多不同課程，範圍橫跨不同領域。一開始，我以為自己會走歷史和法律的路，而且不論走哪一條路，我應該都能表現不俗。（藉此機會，也回答本書前幾章裡我學生對我拋出的問題。）雖然我很願意一輩子都待在大學裡，但我覺得最有學術歸屬感的地方是社會關係系，原因其一，我喜愛並仰慕我的老師，他們當中有幾位就是早年創系的大老，有幾位則竭盡心力指導學生；其二，我也熱愛該系廣闊的學科主題，覺得如魚得水，深受啟發，回味無窮。

「社會關係」（或者更有野心一點，叫做「社會科學」）真正顯示出自己的價值是在二十世紀中期。在一個世紀之前，心理學、社會學與人類學這些學術領域根本還不存在，其觀察、實徵、實驗方法到了二十世紀的前幾十年才發展出來。這些方法包括系統化的人種誌觀察，也就是所謂的「人類關係區域檔案」（human relations area files），從上百種文化、心理學實驗與干預手段、認知測驗（IQ測驗）與人格測驗（羅夏克墨漬測驗與主題統覺測驗）以及小團體觀察方法中，記述許多個體行為。

也許更重要的是，從一九五〇年代開始，大規模調查與分析調查的強大統計方法，獲得電腦的輔助，因而取代了人工費時耗力地進行個人資料分析。在以往，這些工作通常是由沒沒無聞的妻子和女學生，以及薪水不高的研究助理所負責。我接觸到大師級思想家如馬克思、佛洛伊德、涂爾幹、韋伯、皮亞傑、李維史陀、人類學家瑪格麗特・米德和社會心理學家喬治・赫伯特・米德（George Herbert Mead），還接觸許多發展出上述研究議題與方法的人士。那真是令人陶醉的年代！

受到成長背景的影響

另外，有一點人們可能較難想像，那就是這些跨領域統合（名稱可能是社會研究、社會科學、社會關係、人類關係），對於成長於某種文化或次文化，但之後又生活在另一種文化的人來說，特別具有吸引力。在美國，這個領域的元老都是出身於北美的男性（我很遺憾地說，幾乎清一色男性），而且他們的父親通常是牧師。他們長大後來到美國的大城市念大學，然後通常會到德國進修，並被兩國鮮明的文化環境差異所震攝。在歐洲，造訪殖民帝國和接觸來自戰亂地區難民的經歷，開闊了社會科學研究者的視野，因而想要努力了解二十世紀發生的文化衝突（有時也可能是融合），開始積極創建並推動雄心萬丈的社會科學。

我正是這種矛盾張力之下的產物。我的祖父母、父母以及堂表兄弟姐妹、叔伯姑嬸與家族友人，全都在西歐出生和長大。他們原本所隸屬的中產階級文化，早已因法西斯主義的崛起而遭到破壞，嚴重程度已經巨大到難以恢復。身為他們的家人，我切身感受文化間的緊張關係，並試著做出應對。

十九世紀末、二十世紀初的斯克蘭頓小鎮上，到處擠滿了從歐洲或美國南方遷徙過來的人，有愛爾蘭人、波蘭人、烏克蘭人、威爾斯人、東歐猶太人、德國猶太人，以及部分亞洲人、西班牙語裔人和來自南部各州的非裔美國人。他們帶著各自不同的原因，來到這個無煙煤產業迅速衰退的地區努力打拚。

即使移民潮在二十世紀中葉就已停止，但**任何一個**成長於一九四〇年代和一九五〇年代的斯克蘭頓人，都會直覺地將遇到的人用族群和宗教分類（當時沒有無神論者，或至少沒人承認自己是無神論者）。讓我經常感到不可思議的是，我的孩子這代已經不會本能性的追究別人所屬的族群，無論是實際遇到的人、報章裡讀到的人，或是在電視及社群媒體上看到的人。身為研究者，我不禁好奇：今日的年輕人是根據什麼來分類他人（如果有的話），不管是實際見面的人還是網路上遇見的人。

我所選擇的學術道路

人類存在著如此巨大的差異，我很樂於把握機會接觸周遭的人及研究對象，走進他們的心理、文化與社交世界，進行更有系統地研究、觀察並建立理論。在我自己受過的教育中，特別景仰像艾瑞克森和黎士曼這樣的人物，他們能夠深入理解不同族群間的差異性、共通性、歷史軌跡與未來發展，並提出強而有力的證據以及令人信服的說明。

如果我可以留在社會關係系研究所繼續學習，我當然會毫不猶豫地這樣做。但我依舊必須在不同路線間做出抉擇。我對皮亞傑那宏大學術研究的熱愛，以及在布魯納的著述與指導下，將我推向了發展心理學領域。如果我非得在社會科學裡選定一個子領域，那麼這個選擇肯定再好不過。發展心理學結合了歷程與人類心智，這是我個人畢生的興趣所在，早在我十幾歲翻閱那本教科書時就已經開始。

我對社會學和人類學也抱持著開放態度，畢竟社會關係系的精神在我身上從未完全消失。然而，即使我覺得社會心理學和實驗心理學很有趣，也無法相信那些宣稱只要短暫介入或「治療」就能產生戲劇性影響的研究；如果影響可以這麼快就產生，我相信也會以同樣的速度消逝或抹去。我所期待的，是更漸進且更持久的改變，是基於數年甚至數十年發展的結果，而不是幾個月或幾分鐘。這樣的學術傾向，或許有助於理解我在研一社會心理學討論課上，和米爾格倫那場令我終生難忘的衝突。

呼應皮亞傑的話，（並回到第四章提出的要點），當時的我覺得自己需要可作為基礎的**陸地**，讓我把對兒童的觀察以及他們一起參與的實驗建立於其上。因此，無論是皮亞傑（還有李維史陀，以及之後的喬姆斯基）所引用的邏輯或代數結構，還是賈許溫德及魯利亞的大腦研究，都提供了那個誘人的基礎。我依然欽佩那些研究邏輯或生物學的人，但誠如我現在對多元智能理論的想法，我不再覺得有需要或被迫往那些方向傾身。

中學和大學階段的學習，給了我一套萬用的工具組，讓我在之後幾十年得以運用這套完整的學術利器。博士班的研究則磨利了工具組中的某些器械，讓我頗為體面。而哈佛的博士學位以及在神經學的三年博士後研究，讓我能堂而皇之地從前門進入殿堂。但是我抗拒學術專業化，我不願總是把外套掛在同一個衣架上，而且我偏好透過「書本」這種能夠廣為流傳的媒介來傳遞想法，而不是那些被教授同事們所看重、能夠通過同儕審查的論文。

接下來，在本書的最後一章中，我想停下來回頭審視我的學術生涯，談談最為關鍵的問題——我（以及跟我走在同一條學術道路上的人們）到底在努力些什麼？我們應該如何描述它、捍衛它、保存它、培育它？

第十二章　統合心智的真諦

當年，川普上任總統之初，有兩本書在美國獲得極大注目，一本是凡斯（J. D. Vance）的《絕望者之歌》（*Hillbilly Elegy*），書中記述他如何掙脫阿帕拉契山區小鎮過往的桎梏，進入耶魯法學院，後來成為享有聲望與地位的律師，在創投基金界工作；另一本則是社會學家霍希爾德（Arlie Hochschild）的《家鄉裡的異鄉人》（*Strangers in Their Own Land*），記錄她在美國南方進行的五年田野調查。

凡斯的書值得翻閱，但是我認為那只是他個人的故事，缺乏宏觀的視野與格局。對比之下，我對霍希爾德的書特別有共鳴。所以，雖然我不認識霍希爾德，但我還是寫了一封粉絲信給她。我在信中指出，她的書讓我想到黎士曼的《寂寞的群眾》，該書絕對是美國社會學研究中極具影響力之作。[1]

讓我很驚喜的是，霍希爾德幾乎第一時間就回信了。她寫道：「我還記得大二時，坐在斯沃斯莫爾（Swarthmore）校園裡的大草坪上，對我男朋友（如今是結褵四十二載的丈夫）說，我最想做的事情，就是寫一本像《寂寞的群眾》那樣的書。」而今，她真的做到了！（該信請見頁二六三。）

改變世界的統合研究

這次的書信往返讓我開始思考。霍希爾德藉由出書所做的事、我們在優計畫以及近期在高等教育研究中努力所做的事，都**遠遠超出新聞寫作**的範疇。我不是要批評新聞寫作，那和學科領域的學術研究一樣重要。但是新聞工作者有截稿日；他們被分派寫作任務，必須符合特定規定；一旦文章完成刊出，撰稿人就像是擔負眾多案件的律師一樣，必須立即朝下一篇文章邁進。即使新聞工作者在寫書，他們通常也像記者或評論作家，而不是學者；學者緩慢的寫作速度，以及對引述與來源出處的講究，很可能會讓新聞工作者抓狂。

對比之下，我們這些學者一旦過了正式訓練，通常會選擇自己的主題，花時間（還有依照需求與考量現實，花錢或其他資源）有系統地檢視某事物。我們考量適切度與可行性，盡可能採用不同的方式來追蹤與調查該主題，並以有系統的方式和該領域之前的研究做比對。我們從來不能預知什麼時候能完成研究，很有可能到頭來（花一天或十年都有可能），我們沒找出什麼有意義的關聯，或是對於自己目前的發現還不夠有信心，所以我們可能會做詳細地發表，也可能不會。正如同我的指導教授布朗有一抽屜未發表論文，我也有好幾箱未完成的書（包括之前提到的病毒學家蓋杜塞克傳記，以及另一份關於莫札特的手稿）和計畫（例如為BBC《生命線》系列節目做的企劃，或是補充皮亞傑對其三個子女研究的「兒童早期表徵發展計畫」）。

統合者長期悠遊於不同學術領域，然後犀利地進行精準聚焦（兩者彼此交織，猶如統合工作中的經線與緯線），這就是社會學家黎士曼以及研究夥伴格雷澤（Nathan Glazer）、丹尼（Reuel Denney）在《寂寞的群眾》所做的事，也是霍希爾德在《家鄉裡

1 我常以粉絲的身分寫信。有時會收到回覆，有時則否，但重點是留下見證——把這封信寫好並寄出，然後衷心期盼別被程式系統或收件人當成垃圾郵件。

的異鄉人》所做的事。若將視角轉向心理學領域，這同樣是我的老師艾瑞克森在《童年與社會》（*Childhood and Society*）中所做的事；還有，請原諒我的自大，這也是戴維斯和我試圖在《破解APP世代》中所做的事。[2]此外，統合者要能系統性駕馭大量資料並從中擷取意義，這就是政治學家普特南（Robert Putnam）在《獨自打保齡球》（*Bowling Alone*）與康納曼（Daniel Kahneman）在《快思慢想》（*Thinking, Fast and Slow*）中所做的事。當然，這也是契克森米哈伊、戴蒙和我在優質計畫中所努力做的事，更是費奇曼和我從分析兩千多份針對高等教育關係人士訪談中所努力達成的目標。

在這些五花八門的協同計畫中，上述學者蒐集與分析資料，並以各種不同的方式加以呈現。但在一天結束時（或者更可能是十年結束時），身為學者的我們必須面對最重要的工作，就是盡力彙整這些資料，盡可能以強而有力的方式，統合我們的印象與蒐集到的數據。我們的目的並非只是要展示數據，更期盼**我們的論述（無論是個人的或是集體的），可以在特定時期、特定社會與文化脈絡下，改變與人類本質有關的對話**。我得特別指出一個顯而易見的事實，那就是——目標不等於成果。我和共同研究者是以改變人們的對話內容為目標；而我所提到的上述學者們則已經成功地達到這個目標。

重要的是，身為學者，我們的文字、詞彙、概念都應該保持**中立**，我們渴望**客觀無私**的立場。我們試圖如實地描述我們所觀察和分析的事態，而不是根據預設來扭曲我們的研究與發現。一旦我們獲得成功，我們所提出的理論與著述，將會改變人們的思考與說話方式；然而矛盾的是，當事態發生改變（精確來說，應該是指進展到下一階段），就會使得我們當初提出的理論變得似乎不那麼準確、不那麼相關，看起來比較像是「過時的產物」，而不是「最終的定論」。

舉幾個例子來說好了。如果我們把聚光燈投到美國社會「獨自打保齡球」的現象上，或許人們就會開始一起打保齡球，因而改變當代的社會關係運作；於是，我們就會需要新的方法來談論社會關係的新樣貌。如果我們讓人們注意到「快思」的危險，或許就會促使更多人在更多時候採取「慢想」，甚至想出在兩種思考模式間適當切換的方法。如果我們仔細描述「身分認同」危機，或許出現身分認同危機的人數就會降低，又

2 值得一提的是，這個書名是仿效黎士曼等人的做法，企圖描繪整個年齡層的特性。也請注意書名副標題：「當代年輕人如何在數位世界裡走出自我認同（Identity）、親密關係（Intimacy）與想像力（Imagination）的路」。這三個 I 字母開頭的挑戰，是直接引自艾瑞克森發展階段的中年期。

或者「APP世代」會展現出與當前截然不同的身分認同方式。事實上，我和戴維斯合著的《破解APP世代》，正是對兩本大師著作充滿敬意的評論——一為黎士曼等人（我們主張，當前的年輕世代是APP導向，而不是他人導向）；二為艾瑞克森（在社群媒體的世界裡，自我認同的形成可能更早出現，或是說更不穩固、親密關係的建立可能更難以捉摸、想像力的發揮則可能更趨於群體性）。

你可能會說：「**這不是科學**，或者至少不是我們所認識的科學，不是我們在學校裡學到的科學。」然而從某個層面來看，科學也在持續發生改變：今日我們對原子的看法和道爾頓（John Dalton）不同，對基因的看法也和貝特森（William Bateson）不同。原子和基因本身**不會**改變，碳分子、天體運行和地質結構也不會（至少短期之內不會）；真正發生改變的，是我們在觀察、實驗與批判思考的基礎上，如何對現象進行命名與描述，以及如何將它們彙整組合為更廣大周延的理論體系。

如果依照標準的科學方法進行，照理說，任何人在任何地方進行研究，最後都能得到大致相同的結論。然而，心智、文化、社會領域的現象性質是如此**不同**，以至於我認為把上述「科學」特質套用在這些領域，恐怕有誤導之嫌。

所以，我不再把我的研究稱之為「社會科學」。如果非得要我選個名字，我實在想不出有什麼比「社會關係」更糟的了（社會關係系，一九四六年生，一九七二年歿，願其名得到安息！）。或許我們應該出資發起一個比賽，看看是否能想個好一點的名字。

坦白說，我還蠻喜歡社會心理學家喬治．赫伯特．米德的用詞「心智、自我與社會」（mind, self, and society），或者是發展心理學家維高斯基（Lev Vygotsky）的用詞「社會裡的心智」（mind in society），這些也分別是兩人著作的書名。有趣的是，就我所知這兩個書名都不是他們自己想出來的，而是編輯想的。這兩個稍嫌繁複的詞組，多少抓到了我長期關注的焦點（更確切地說，是我終身的迷戀）、對心智在特定社會文化中發展與變化的認識，以及宏觀環境對心智所產生強大、難以預測、永無休止的影響。另外一個候選名字則是「人類研究」（human studies），但這個詞有可能被誤解為人文（humane）或人道主義（humanistic）研究，這兩者都不是我要的。如果換成「人」（person）就不會有上述包袱，但感覺又有點個人主義之嫌，所以，或許可以改成複數的「社會裡的眾人」。

鑑於五十多年來我醉心於人類心智，現在的我會將我的研究描述為「有關人類心智的人類統合」。這個稱法的優點在於，能明確指出是由人類所進行的統合（而不是主要由電腦進行，至少到此刻依然如此），是一種關於人類本質的活動。然而，這個名稱實在太過冗贅，所以，恐怕還是得繼續舉辦有獎徵名比賽了。

探究統合心智

大約二十年前，我有幸與蓋爾曼（Murray Gell-Mann）交談，他是一九六九年諾貝爾物理獎得主，也是創辦跨領域之「聖塔非研究院」（Santa Fe Institute）的天才。當時，蓋爾曼悄聲對我說：「二十一世紀最重要的心智類型，就是統合心智。」

我不僅從未忘記這句話，也在二〇〇五年出版的《決勝未來的五種能力》（*Five Minds for the Future*）一書中（本書的出版應歸功於蓋爾曼），對於「統合心智」詳加敘述。所謂統合心智，是指能夠吸收大量訊息、加以反思，然後以對你有用的方式加以組織，並且（如果你夠厲害、夠幸運的話）證實對他人也有用。

別人常問我，我擁有哪些智能、又欠缺哪些智能。正如本書開頭所述，我總會仔細評估，並告訴他們我在各種智能上的表現。但是我漸漸認為，更有助益、更實用、甚至更正確的回答，應該是：「我擁有**統合心智**」。

因此，接下來我想談談統合心智，分析其性質與運作方式，並論及何者不算統合心智。我是以兩種方式來進行：

第一、透過統合心智與其他四種心智相比較（修練心智、創造心智、尊重心智、倫理心智）。

第二、透過多元智能的視角，來檢視和統合心智有關的行動與技能。

在介紹五種心智時，我做了兩個區分：

首先，這些心智不同於心理學家對人類智能的分類。也就是說，我並非單純把目前的八、九種智能拿掉其中三、四種。相反的，它們是針對教育工作者和政策制定者所做的描述，是我們（尤其是擔任決策職務的人）應該培養自己及他人的心智，也是無論在學校教育之中或之外，值得我們珍視的心智。

其次，我提出的五種心智中，有兩種是和他人的關係有關：

其一，是關於我們周遭的人（**尊重心智**）；其二，是和我們距離較遙遠的人（**倫理心智**）。我對於這兩種心智的了解，來自於我長期持續研究優質職涯、優質競賽、優質公民素養，以及其他類型的「優計畫」（見頁二八一）。這兩種心智攸關人類永續生存及蓬勃發展，但和我此處要談的分析工作較不相關。

剩下的三種心智與人類認知有關，與思想家、學習者和教師較為相關。讓我簡單地一一做介紹。

在概述**修練心智**時，我強調要學習思想家（多半是學者）在幾個世紀間發展出來的主要思考方式，換言之，也就是哲學家、心理學家、經濟學家、物理學家、史學家、作曲家、音樂學家等等的心智，這些都可以具體反映在大學所開設的課程清單之中。

每個人在從事生物學、傳記或芭蕾的潛力或許各有不同，但是無論如何，都需要花上多年努力才有可能精通某個領域。我認為直到一個人發展出精熟一個以上學科的心智，才有可能實現有意義的**統合**或有意義的**創造**。換句話說，修練是精熟學科的必經之途。[3]

現在，讓我（再次）介紹另外兩種與認知有關的心智。

統合心智的功能，是將從一個或多個學科領域觀察所得的材料，以最佳方式組織在一起。組織材料的方式應力求正確，並完全配合目前所要進行的任務。舉例來說，學校的許多作業，像是讀書報告、期中報告、測驗中的申論題，都需要一定程度的統合心智。事實上，統合心智不僅是理想教科書所應呈現的內容，更是我們在課程與教學中所應讓學生學會的能力。

創造心智的核心，則在於解決問題、提出疑問，或引介新穎、甚至空前的概念與做法。然而，光是新穎（單單以原創的方式思考和行動）是不夠的，若要稱得上有創意，一個概念或做法必須**以某種方式被相關社群所接受**。

用個有趣（又帶點傷感）的比喻來說，光靠爸爸、媽媽把你的手指畫貼在冰箱門上是不夠的，你的塗鴉或素描必須吸引策展人、藝評家、教科書作者或收藏家的目光，最終一躍成為大眾注目的焦點。偶爾，這個流程也會倒過來，因為某種原因，一個平凡無奇的行動或作品竟然爆紅，然後吸引了創作者、評論家、收藏家的注意。

3 也有極少數人在沒有接受過一個或多個學科正式訓練之下，就能實現有意義的統合。例如我的叔叔弗里茨就是這樣的天選之人。

統合和創造的分界線

接下來，我們將進入本章的核心問題——統合和創造間的分界線在哪裡。我們很難想像**任何**潛在的創意想法或行動，可以「從零開始」憑空出現。十年的學科訓練真的很重要。即使是舉世認可的天才，如藝術界的莫札特或畢卡索、電腦界的比爾・蓋茲或賈伯斯，他們在實現創造性的突破之前，都已經在自己所選擇的領域中孜孜矻矻深耕多年。因此，創造的前提，是要先對學科領域有一定程度的掌握，並擁有足夠的統合經驗。

儘管如此，我們還是應該在「一般性的統合之作」與能夠被社群認可的「創造性的統合之作」之間，畫上一條明確的分界線。以拙作為例，我撰寫的社會心理學教科書（一九七〇年初版），以平凡無奇的手法統合該領域重要的主題，這本書對於社會心理學該如何概念化或在後續文本該如何呈現，毫無顯著的影響。反之，我撰寫的發展心理學教科書（一九七八初版；一九八二、二版）就具有較高的創造性。該書的一大特色在於，是以發展階段、而非以主題（例如語言發展、社會發展等等）作為架構；另一個特色則是我在各章之間插入短文，探討那些能吸引我興趣的議題（希望也能吸引讀者），而不是談論研究社群已經解決或一般教師上課時會講的那些議題。這樣的做法，確實為日後該領域教科書的撰寫方式帶來一些影響，同時也希望能因而影響師生對於人類發展的思考方式。這本教科書不同於我早期寫的教科書，至少在原創性上，應該能獲得讀者不錯的評價。

回顧我這一生的全部著作，不難發現早期作品主要都是統合之作，包括兩本教科書、研究皮亞傑和李維史陀的《心智的探索》，以及研究腦傷患者的《破損的心智》等等，反映出一名優秀又認真的好學生所精準掌握的知識。

事實上，如前所述，我在進行多元智能研究之初，也是將其視為單純的統合研究。一開始我只是想探究不同種類的心智，但從《心智解構》這本書中許多不同面向的內容來看，我已經大步往創造性統合的方向邁進：

第一、《心智解構》所考量的能力範圍更廣，遠勝於對認知與智能有興趣的一般心理學家所關注的能力。

第二、《心智解構》審視的學科範圍更廣（從文化研究到大腦研究都有），遠勝於一般情況。

第三、《心智解構》模糊了自然及社會科學研究成果與教育應用之間的界線。

第四、《心智解構》將過去看似神聖偉大的「智能」一詞賦予新意，並推翻單一智能獨霸的局面。

《心智解構》的影響力可能超越我之前及之後的所有作品，這部統合之作改變了有關人類智能的對話，特別是在教育政策與實踐上。更讓我感動的是，許多人因而對自己或他人（通常是與自己關係密切的人，他們的心智情況讓人感到難以掌握，甚至無法理解），產生與之前完全不同的看法。因此，《心智解構》確實堪稱為創造性的統合之作。

同如我在《決勝未來的五種能力》中所述，統合可能適當，也可能不適當；可能適合某一種目的，也可能適合另一種截然不同的目的。但無論統合者是野心勃勃還是謙虛自持，都不能決定或宣稱自己的作品是創造性的統合之作，只能等待更廣大的群體在假以時日之後，才有資格做出這樣的認定。舉例來說，戴維斯和我希望追隨黎士曼和霍希爾德所樹立的典範，讓二十一世紀的年輕人被視為「APP世代」，然而我們所期待的概念與術語變革尚未發生（而且大概永遠都不會發生），這就表示它並未通過創造性的嚴峻考驗。

再講幾個關於統合的重點吧。有些統合之作旨在彙整特定領域中的大量材料，最終形成一個宏大的觀點，我們可稱之為「刺蝟型統合」，達爾文的《物種起源》（*On the Origin of the Species*）就是個傑出的例子；而「狐狸型統合」則是熱愛知識的多重性，榮格（Carl Jung）提出的各種人格類型就屬這類。

有些統合之作尋求平衡，這讓我想起黎士曼和霍希爾德對美國生活的描寫；有些統合之作極力往特定方向推進，比方說探討「權力菁英」的米爾斯（C. Wright Mills）和探討「組織人」的威廉・懷特（William Whyte），都企圖要描述一九五〇年代美國社會的特性。

而在社會分析的領域裡，有些統合之作反映出包羅萬象的概念，例如馬克思、韋伯、佛洛伊德的「鉅型理論」（grand theories）；有些則傾向更深入聚焦於較能精準處理的議題，也就是社會學家莫頓（Robert Merton）所謂的「中程理論」（theories of the middle range）。

統合心智與多元智能的關係

說到這裡，你可能會拋出一個對我來說最難回答的問題：「統合心智有沒有對應的單一智能？或者，是否能用一種或多種智能運作來充分解釋？」

當然，每個人都有權利宣稱或建立「統合智能」類別；我也願意承認，有時候我也有那種傾向或至少那樣的想法。我可以輕易地列舉出那些擅長統合的學者，例如古生物學家古爾德（Stephen Jay Gould）和地理學家賈德・戴蒙（Jared Diamond），他們都擁有豐富的歷史學養，碰巧也都擅長音樂。我也可以信手捻來，講出具備統整風格與形式的藝術家，例如作曲家史特拉汶斯基和他同時代（也偶爾合作）的視覺藝術家畢卡索，這兩位藝術家在二十世紀初展現創造性突破的潛力後，到了一九二〇年代初期都經歷過一段新古典主義時期。正如其名，兩位藝術家將當代的表達風格與古典主題及形式做結合。有些藝術家甚至刻意整合媒介，如歌劇作曲家華格納（Richard Wagner）的「整體藝術」（Gesamtkunstwerk）[4]作品。

相較之下，有些學者、音樂家和畫家同樣知名，但他們力求對相同主題或題材不斷深入地探索，而不是進行廣泛性的整合。我想起有位認知心理學家，他四十年來都在研究隱喻與類比的思維方式；還有一位神經生物學家，花了同樣長的時間研究視網膜中的一組細胞。

然而，正如我在回顧多元智能理論時所言，我始終對認可更多智能一事抱持保守態度。我比較傾向用兩個以上「通過認可」的現有智能，來解釋那些新的候選智能。舉例來說，我從來不認為應該認可獨立的「科技智能」或「數位智能」，因為只要採用適當的現有智能組合，就已經能夠令人滿意地解釋這些候選智能。

簡單來說，我的想法就是——每個人可以用各自不同的方式來進行統合。他們會怎麼做，取決於對自身代表性智能的認知（也就是他們最喜歡運用的智能），以及對何種智能最適合處理眼前任務的認識。顯而易見的，像史特拉汶斯基這樣的作曲家，自然會傾向大量運用音樂智能；而像畢卡索這樣的畫家，則較常運用他的空間智能和身體智

4「整體藝術」是指運用多種藝術形式，以在作品中呈現出世界恢弘的整體樣貌。例如但丁在《神曲》中透過地獄、煉獄、天堂三個範疇，創造出一個完整的宇宙意象。

能。部分極具創意的藝術家，也可能具備很強的語文和邏輯智能，但這是「ＩＱ」優勢所帶來的額外好處，並非必要條件。巧合的是，受過律師訓練的史特拉汶斯基極具文采，能以多種語言寫出啟迪人心的散文；相反地，畢卡索是繪畫天才，他寫的東西、說的話都很新奇，僅此而已。

前文提到的古爾德和戴蒙這類統合者（我還可以列出橫跨各學科領域的許多人名），能夠自然地運用學者工作所需的智能，所以兩人應該都有充分的語文與邏輯智能。但與創造出「統合心智」一詞的蓋爾曼相比，古爾德和戴蒙的語文智能或許更為成熟，因為蓋爾曼與出版社簽了合約要寫書，卻遭遇重重困難而無法完成。相對而言，許多優秀的物理學家、數學家、電腦科學家寧願埋首於理論的思索與修正，而缺乏將腦中想法洋洋灑灑寫出來的動力；他們對於符號系統的喜愛，更勝於修辭比喻。就我而言，自從能夠握筆或在鍵盤打字開始，即使沒有外在的強迫要求，我也會自主性地規律寫作；但幾十年來，我很少有透過符號系統來表達想法的機會，更別提會有衝動想去創造新的了。

到目前為止，我的描述雖然不可否認的都是根據傳記資料，而不是「心理測驗」，但這樣做是有道理的。要說舞蹈家葛蘭姆缺乏身體智能，或說物理學家居禮夫人缺乏邏輯－數學智能，不但令人難以接受，也完全違反常理。要是心理測驗結果質疑這些特性，那我反而會對測驗是否有效產生懷疑。

但我推測，有些統合者也會運用其他沒那麼突出的智能，其結果不僅可能對自己有助益，也能為世界帶來諸多貢獻。舉例來說，愛因斯坦身為物理學家，往往被視為典型的邏輯－數學智能大師，但其實他還擁有更高度成熟的空間智能。此外，在發展廣義相對論的過程中，他仍需要尋求好友格羅斯曼（Marcel Grossmann）協助進行所需的數學推導。身為科學家與醫師的佛洛伊德，擁有很好的邏輯和空間智能，但是他真正厲害的是語言智能，一九三〇年，他因文學上的傑出表現，贏得夙負盛名的歌德獎（Goethe Prize）。

加德納的統合心智

既然我沉迷於分析統合者智能的猜謎遊戲（說出每位統合者具備哪些智能），且讓我也來照照自己的「多元智能之鏡」。如同我在前面章節所述，我的語文智能很好，邏輯智能自然也還不錯。至於人際智能，這應該是心理學家（至少是那些努力做研究、設法解決人類問題的心理學家）必備的能力。

但我思考自己進行統合的方法後，我有了一些不同的分析。身為統合者，我認為我運用了另外兩種智能。首先，我從小就學音樂，所以我覺得寫作（尤其是寫書），就像是在創作一首交響曲，有樂章、主題、先現音、再現部、間奏等等。無論是獨自或和學生、同事共同寫作，打從一開始，我就會對作品最終的形式與結構有完整認識；我喜歡盡早就劈劈啪啪地打出詳盡的大綱，甚至是整份草稿。我很清楚各個主題出現的順序；什麼時候該強調各種「樂器」；在文學的織錦上，把一段文字或一個重點移到不同位置的效果，或擴寫或刪除的效果；什麼可以當序曲、主題發展、高潮和結論，甚至快到尾聲時，營造「繼續收聽，別轉台！」的效果。也許我只是自我感覺良好，但我相信我確實做到了，而且我不斷努力地做得更好。

我所擅長的另一項智能，或許會令許多人感到訝異，那就是自然觀察智能。坦白說，我對戶外生活沒有多大興趣（如前所述，我參加過多年的夏令營，而且通過所有考核成為鷹級童軍），但當我想要搞懂所有見到、聽到、讀到、想到的事物時，我會不斷建立基模、想出分類與二級分類的方法、製作表格與簡圖、排序與重新排序。誠然，這和林奈（Carl Linnaeus）、達爾文、奧杜邦（John James Audubon）等自然觀察智能大師差得遠了，卻代表我盡全力要弄清楚我所收集的各式「物種」。這也許可以解釋為什麼我對生物學懷抱著熱愛，遠勝於物理或其他自然科學，還有為什麼我全心投入神經學家工作的那幾年，是如此樂在其中。話說回來，我想如果我生在十九世紀或二十世紀初，也許真的能夠成為一個成功的生物學家，畢竟現今數學和電腦運算的地位日益重要，分類工作更可能是交由電腦程式或深度學習演算法完成，而非倚賴人的雙眼與大腦。

統合的藝術

當然，上述不過是些自我分析，而且如果我真的拿自己的智能武器庫開玩笑，可信與否還是得取決於我是否擁有敏銳的內省智能。但若以更廣泛的角度來看統合心智，在自身獨特的個人心理之外，我還想提出以下幾個重點。

首先，統合是一門藝術。統合者要創造出規模宏大的作品或論述，並且有效傳達給他人，從一開始就要對整體的形式、各部件的安排、觀眾的關注焦點與鑑賞偏好、作品的起承轉合，具有清楚的概念與計畫。與科學相比，上述能力在藝術領域中的地位顯然更為突出（在科學領域中，對行為及現實的正確描述才是首要之務）。我認為，統合者都有成為藝術家的潛力，他們（包括我）善用自己最感到自在的藝術形式，無論是音樂、文學、建築、舞蹈，或是其他有助於溝通的美學呈現方式。

但是統合者不同於「純粹」的藝術家，他們的作品不能無中生有、隨心所欲地任意開展。相反的，他們受到自己和他人所收集資料的限制（或許你比較喜歡稱之為「賦能」），無論這些資料屬於歷史、文學還是心理學的。因此，這些志在統合的人需要設法整理與重新整理那些資料，直到找到適切、正確、可傳達且賞心悅目的解決方案。拿我來說吧，我是以自然觀察者的方式進行的，給不同的資料種類標記、再標記。但是排序與重新排序的方法有很多，我想大概有多少位統合者（或者至少是有多少種統合者類型），就會有多少種方法吧。

更進一步來說，一般人會運用優勢智能來精進課業或從事創造性活動，我們這些致力於統合工作的人自然也不例外。我們傾向運用我們所偏好的智能，幫助自己理解自身經驗。如果把智能想成一張化學元素週期表，則統合者就是在取用各種不同元素來製造化合物，以便完成他們各自的任務。

正如我在《決勝未來的五種能力》中所指出，在闡明這種人類重要認知形式的道路上，心理學界幾乎已經是放棄狀態。我們根本不清楚人類是如何統合訊息、不清楚人類如何想出適切、精緻、具原創性的統合方式來幫助自己與他人。這些能力無法透過簡單的實驗室實驗來加以驗證，自然不容易被發表在那些排名很高的學術期刊上，導致我所描述的這類廣泛統合相關研究付之闕如。這種情況對志在統合的學生來說，不啻為一項誘人的挑戰（至少在深度學習演算法有辦法取代人類統合心智之前皆是如此），他們或許能夠成功地闡明人類統合心智的奧祕。

在本書中，我以自己為個案進行研究，為上述宏大的研究計畫提供一個可能的起點。未來研究統合心智的學生或學者，可能會在某個時間點針對以下因素進行思考，像是：分析個案幼年時期好奇心的出現、影響的廣泛程度與原因（比方說，在一個隱瞞了所有重要訊息的家庭中長大，同時觀察到家中大人因為其背景而對周遭社會感到相當陌生，這意味著什麼）；在缺乏學術框架的前提下，如何儲存與保存雜七雜八的訊息；那些訊息連結到哪裡去，或是被允許在認知空間漂浮的程度；以適當的符號形式，想把試探性的統合記錄下來；想整合不同內容與形式資訊的欲望；想精熟、涉獵、挑戰或規避現存學科的傾向；往創造力延伸（或不延伸），比方說，不管談的是課堂作業還是博士論文，寫出可信的論述，還是尋求遠大的突破；以及該捨棄哪些研究，或留待他日下次發表等等這類的艱難決定。

或者，有志於研究統合的學生可以對有統合天賦的研究對象進行縱向研究，或將幾位統合者做比較，或甚至把研究對象和同樣有天分的優秀修練者和創造者相比較，探討那些修練者或創造者沒有表現出特別的統合心智的原因，又或是他們的統合之作極為平庸、容易誤導人或根本毫無用處。我曾幻想過一個研究，探究四位小名都叫史蒂夫的人，分別是：地質學家古爾德、物理學家溫伯格（Steven Weinberg）、心理學家平克（Steven Pinker）、人文學者葛林布萊（Stephen Greenblatt），探討他們如何成為統合心智大師。

鍛鍊統合心智

當我們要求學生寫讀書報告、做專題、或考試時寫申論題，就是要學生進行統合。評改這些作品是有標準的，如果教師沒有把評分標準說清楚，學生也會一直詢問，所以最好事前就把標準說得清清楚楚。此外，還可以設計一些格外需要運用統合心智的作業，例如製作期中報告或小論文，或是要學生從現有文獻或確定的實驗結果中，提出不同觀點或做某種程度的延伸。總之，如果統合心智在我們這個時代真的很重要，那麼似乎值得有系統且有技巧地予以培養及鍛鍊。

如何統合大量知識，尤其是來自不同學科領域的知識，以及如何以有效的方式進行統合（即使無法改變人們對話的方式），在這一點上，學者往往都只能自求多福，因為這類準則和依據根本就是少得出奇。所以，和我一樣有志於統合的人，必須仰賴可遵循的榜樣。很幸運的，我有幸認識兩位卓越的統合者，他們分別是心理學家布魯納和社會學家黎士曼，也有一些令我仰之彌高的典範人物，例如歷史學家霍夫士達特和文學名家威爾森等。有志於深耕統合心智的人，必須好好思考如何善用自己獨特的動機、技巧和智能，運用統合心智來統整不同的學科知識。

但將來，統合者不一定需要自行摸索前進。光是在學校介紹「統合」的概念，就已經跨出了一大步。教師可以示範自己如何理解不同學科的資料，我和我的學生就常這麼做，不管是在課堂上，還是和博班學生一對一的討論。我們可以研究我們欽佩的、或對我們有用的統合性資料，也可以研究那些令我們困惑、或是乏善可陳的資料；以後者來說，尤其是比較不同教科書如何處理相同的主題，可能會滿有啟發性的。最重要的是，我們可以明確地分派「統合任務」給學生，詢問他們擬定的計畫，檢視他們的初步想法，並提供進一步的回饋。之後，讓學生公開報告自己的計畫，並指出自己在哪裡受到啟發，哪裡覺得自己還有所不足。事實上，許多實驗報告、讀書報告，或企圖心較大的期末報告或論文，本來就會遵循上述的程序。我想特別強調的是，我們必須對於有效的統合要素有**更清楚**、**明確的關注**，以及思考什麼樣的統合要素反而會偏離原本的目標。

雖然我一直以來著重的是在學校的書面統合，但許多其他形式的統合，也可以遵循相同的一般程序。例如之前提過的，許多藝術家以他們藝術形式偏好的符號系統來進行統合。此外，即使不用過度延伸統合概念，也能將統合實踐在許多領域中。例如法官必須要對複雜的案件做出全面的判斷，才能祭出最妥善的裁決；醫師必須根據各種檢驗結果與多方觀察，才能做出正確的診斷；策展人或是都市規劃師要規劃展覽或安排慶祝活動時也是如此；企業領導人要決定開闢新的業務企劃，或是企業顧問必須為失敗的企業提供有用的建議。未來對統合心智感到興趣的人，絕對可以寫一本探討「琳琅滿目的統合」或「五花八門的統合者」的書。

關於統合，我還有最後一件事要提醒。我在這裡著重的統合類型，可以稱之為大規模統合，是學者們經常會做，也是在書籍、摘要文章、或是大型藝術或設計作品中會看到的。但是在我們生活的這個時代中，若能善用多元的方式來鍛鍊統合，更能從中獲益。例如對複雜概念提進行簡略的歸納和整理；寫部落格；做TED演講；在廣播、電視或podcast裡進行精采絕倫的訪談；或是發布激勵人心的推文，並因為這篇推文眾人讚嘆，而一夕之間爆紅。

但是（這個「但是」很重要），只講求速效的統合者很有可能是膚淺的。我們必須進一步探問：他有辦法更深入地探討嗎？能提供更多細節嗎？能應對不同挑戰嗎？能意識到什麼樣的批評令人心服口服，而不是毫不相干或根本上就是一種誤解？只有上述問題的答案都是肯定時，我才能真正肯定這個人是個合格的統合者。

坦白說，因為多元智能理論的關係，我真的是看過、聽過數百種對這個理論做表淺論述的人士，不經審慎思考就提出尖銳的批評。然而，也有一些讓我深感欽佩的統合者，光看他們所提出的論點，就知道是真正讀過我的作品，曾和他人討論和爭辯過（包括和我），願意認真思考理論的含意與應用，然後才提出經過周延思考的評論。這讓我相信，對於統合的犀利批評，很有可能本身就要仰賴統合心智。

人工智慧時代下的統合

蓋爾曼說，統合心智是本世紀的焦點心智，此話極有道理。但是這個說法不禁讓人揣想，統合心智的重要性是否會持續下去？如果是，進行統合的會是人類、人工智慧、還是某種原生質和「晶片」機器的合體？在這個領域，我缺乏專業知識，也沒辦法憑直覺回答。當然，我不懷疑有志於統合者會欣賞並利用最強大、最適合的計算裝置與資源。舉拙作為例，一九九〇年代我們進行「優職計畫」時，我們大多數的分析都是靠閱讀、編碼、跑好幾個統計測試；對比之下，二十年後我們在做高等教育的研究時，則是用「大數據」程式來分析橫跨好幾個校區兩千位受訪者的語彙與用詞。

但是電腦運算法也會把我們帶到意料之外的方向。舉個例子，今日多數人都受過特定學科或專業領域的訓練，也運用他們各自學科的工具。反之，「深度學習」演算法直接處理資料，不需類別之分，除非實在太「原始」。如此「未經學科訓練」的心智，或許能顯現出原本可能錯失的模式和互動。有人可能甚至會設計出「加德納統合應用程式」，以我的方式來統合，但是表現得比我還好。那樣的話，我真的可以退休了！

我個人是不樂見讓電腦運算裝置來決定哪些問題該問，或者指定哪些應該要統合，或斷定哪種特定的統合適合某任務和使用者，或決定該如何闡釋結果。我也絕對不會把倫理道德相關的決定交給演算法，不管演算法據稱有多聰明。然而，未來很可能會有仿照人工智慧的統合目標與過程，不過目前還難以設想，至少我想像不出來。

從小，我就喜歡問問題、思考問題，還會用盡各種辦法，收集到所有可以找到的資料。接著，更重要的是，我會以對我自己有意義、對別人來說也能清楚易懂的方式組織資料。由於個人原生家庭的文化背景，以及在動亂時代的家庭變故，當然，還有經由遺傳而來的基因，我有幸能夠運用個人心智過生活，並且提出我個人認為言之成理的統合（至少有時候他人也有同感）。

過去的我，主要是透過寫書來展現心智，在廣播、電視媒體當道時，我也能夠加以利用。今後的我，如果依然能如此幸運，我還是會持續這麼做，更會盡全力支持其他志同道合的人，不管是我身邊的學生，還是遠方的請益者。

說真的，隨著年紀漸長，記憶力逐漸消退，我常想不起別人的名字，甚至忘記跟別人有約，或是車鑰匙的擺放位置，但是對於統合的欲望及能力卻似乎完好無缺。跨越學科的統合會有這樣顯著的優點，還真是年輕時的我壓根想不到的事。從這個角度來看，或許將「統合」稱為「智慧」也不為過。

未來，以人工智慧的技術和科技要做到這樣的統合，也許是易如反掌。但我並不認為像黎士曼、艾瑞克森、瑪格麗特・米德或霍希爾德這樣的人（或是前述四位小名史蒂夫的學者）會因此而被時代遺忘。原因在於，**統合非常依賴提問的品質，以及提出這些問題的原因**。正因如此，統合者（不管是血肉之軀還是電腦）能夠辨識相關部件、排列與重組，最後重新組合成有意義的成果。如果夠幸運的話，甚至還能對他人、對世界做出重要的貢獻。

至於我自己，是否能在眾星雲集的統合者行列中占有一席之地，則不是由我自己來判定的。

獻給研究者的祝福

在本書正式進入尾聲之前，我想要回到當初學生問的那個問題，她想知道我怎麼看待讓我聲名大噪的研究發現。我並不後悔發展了多元智能理論或者寫了《心智解構》。我本人因此受惠良多，而且由衷相信這個理論幫助了世界各個角落的許多人。至於這個理論所帶來的傷害，我也深感遺憾，多麼希望當初自己能做更多事來加以防範。

我也不後悔提出理論的時間點。在出版《心智解構》之前，我在心理學和其他自然與社會科學領域準備了十五年，讓我有能力展開這項統合工作。出版後，我也有餘裕去思考進一步的應用，除非我自己甘願如此，否則不必勉強自己承擔「多元智能責任」的沉重負擔。身為一名學者，我有幸能處於一個如此自由、沒有「思想警察」的國度與時代，讓我能夠去關注那些吸引我的議題，以對我有意義的方式去統合我的資料，並以適當的形式承載與傳遞我的研究成果。

最後，基於我這一生的經驗與教訓，我想對研究者們說幾句話，以寥寥數語來作為本書的總結。

第一、要是你有幸能夠改變人們的對話內容，請心懷感恩。你確實有責任用有效的方式去引導人們的對話，但不要妄想掌控人們往後的對話，否則十之八九會遭致失敗。如果你也感受到在人類心智或人類行為領域進行統合研究的無比吸引力，那就放手去做吧！也許你甚至能夠解釋統合心智是如何發展而來，又如何才能讓它發揮到淋漓盡致。

第二、試著用最適切的詞彙和概念，把你的研究解釋給他人聽。好長一段時間，我都以為必須拿「硬一點」的學科來證明自己研究的正當性，不管是邏輯學、數學、生物學、神經科學與遺傳學。我不認為那樣硬擠出來的原理是必要且明智的。你反而應該盡可能描述自己做了什麼、有什麼證據、用了什麼分析工具，同時指出你沒有做什麼，以及你無法做什麼。

除非你能夠清楚地解釋它，否則不要預設別人會知道你在做什麼，以及你為什麼要這樣做。如果有必要的話，你還得設法以不同方式反覆解釋。

以我來說，我既沒有走上新聞寫作之路，也沒有繼續從事自然科學研究，而是專注於探索人類社會中的人類認知。我試圖進行有意義的統合，並指出我是如何做到的，幸運的話，可以為人們帶來正面影響，甚至改變人們的對話。我們可以用開放態度來看待對話的後續發展，即使有些變化並非當初所能預期，但如果我們願意，依然可以選擇繼續參與其中，持續進行討論、評估及發展。

這將是一個循環不息的歷程。

願人與人的對話亦能永不止息，願統合心智茁壯成長。

致謝

我寫過很多書，但寫回憶錄則大不相同，即使是一本學術回憶錄。在我寫作的過程中，獲得各方人士的建言與回饋，令我從中獲益良多。

我要謝謝麻省理工學院出版社（MIT Press）的大力協助。我的編輯Susan Buckley花了很多時間和我一起腦力激盪，思考如何將書稿中的新舊想法做最好的呈現，以及將私人生活和學術專業的部分做適度整合。她的同事Noah Springer是超棒的文字編輯，Judith Feldmann則不論在工作效率和精確度上都令人敬佩。我的經紀人Ike Williams和Hope Denekamp總是在我需要諮詢時即時出現，數十年來，他們依然如此活躍和令人相處愉快。

很多熱心的朋友在閱讀完這本回憶錄初稿後，提供我許多意見，是這本書能順利出版的幕後推手。他們分別是：Joe Blatt、Anne Colby、Bill Damon、Tom Dingman、Susan

Engel、Wendy Fischman、Marion Gardner-Saxe、Eldon Greenberg、Stephen Greenblatt、Andy Hargreaves、Ben Heineman、Tom Hoerr、Mia Keinanen、Mindy Kornhaber、Yael Karakowsky、Ashley Lee、Konstantin Offer、Len Saxe、Henry Timms以及Stanton Wortham。

我的辦公室團隊協助處理我無法自行打理的所有事物。特別要感謝Courtney Bither、Shinri Furuzawa、Danny Mucinskas與Jordan Pickard。

我在本書獻辭頁中特別表達感激的所有人，是我最感謝、同時也是我這一生最感到虧欠的人。特別要感謝我的家人，他們接受我的決定，幫助我反思自己的人生，並一路給予實質且有助益的回饋。讀者可以在相片輯二裡，於二〇一九年拍攝的相片中見到他們，只除了奧古斯皮爾，當時他還沒出生。

參考文獻

Chen, Jie-Qi, Seana Moran, and Howard Gardner, eds. *Multiple Intelligences around the World*. San Francisco, CA: Jossey Bass, 2009.

Erikson, Erik H. *Childhood and Society*. New York: Norton, 1950.

Fodor, Jerry. *The Modularity of Mind: An Essay on Faculty Psychology*. Cambridge, MA: MIT Press, 1983.

Gardner, Howard. *Art, Mind, and Brain: A Cognitive Approach to Creativity*. New York: Basic Books, 1982.

Gardner, Howard. *Artful Scribbles: The Significance of Children's Drawings*. New York: Basic Books, 1980.

Gardner, Howard. *The Arts and Human Development*. New York: Wiley, 1973.

Gardner, Howard. *Creating Minds: An Anatomy of Creativity Seen through the Lives of Freud, Einstein, Picasso, Stravinsky, Eliot, Graham, and Gandhi*. New York: Basic Books, 1993.（《創造心靈》，林佩芝譯，台北：牛頓，一九九七年。）

Gardner, Howard. *Developmental Psychology: An Introduction*. Boston: Little, Brown, 1978.

Gardner, Howard. *The Disciplined Mind: What All Students Should Understand*. New York: Simon & Schuster, 1999.
（《學習的紀律》，魯燕萍譯，台北：台灣商務，二〇〇〇年。）

Gardner, Howard. *Five Minds for the Future*. Boston: Harvard Business School Press, 2007.
（《決勝未來的五種能力》，陳正芬譯，台北：聯經，二〇〇七年。）

Gardner, Howard. *Frames of Mind: The Theory of Multiple Intelligences*. New York: Basic Books, 1983/2011.
（《7種IQ》，莊安祺譯，台北：時報，一九九八年。
《心智解構：發現你的天才》，莊安祺譯，台北：時報，二〇〇七年。
《發現7種IQ》，莊安祺譯，台北：時報，二〇一三年。）

Gardner, Howard. *The Mind's New Science: A History of the Cognitive Revolution*. New York: Knopf, 1985.

Gardner, Howard. *Multiple Intelligences: New Horizons*. New York: Basic Books, 2006.
（《多元智能》，李乙明、李淑貞譯，台北：五南，二〇〇八年。）

Gardner, Howard. *The Quest for Mind: Jean Piaget, Claude Levi-Strauss, and the Structuralist Movement*. New York: Knopf, 1973/1981.

Gardner, Howard. "Reflections on Multiple Intelligences: Myths and Messages." *Phi Delta Kappan* 77, no. 3 (Nov. 1995): 200–209.

Gardner, Howard. *The Shattered Mind: The Person after Brain Damage*. New York: Knopf, 1975.

Gardner, Howard. "The Synthesizing Mind: Making Sense of the Deluge of Information." In *Globalization and Education*, ed. M. Sanchez-Sorondo et al., 3–18. New York: Walter de Gruyter, 2007.

Gardner, Howard. *Truth, Beauty, and Goodness Reframed: Educating for the Virtues in the Era of Truthiness and Twitter*. New York: Basic Books, 2011.

Gardner, Howard. *The Unschooled Mind: How Children Think and How Schools Should Teach*. New York: Basic Books, 1991.
（《超越教化的心靈》，陳瓊森、汪益譯，台北：遠流，一九九五年。）

Gardner, Howard, Mihaly Csikszentmihalyi, and William Damon. *Good Work: When Excellence and Ethics Meet*. New York: Basic Books, 2001.

Gardner, Howard, and Katie Davis. *The App Generation: How Today's Youth Navigate Identity, Intimacy, and Imagination in a Digital World*. New Haven, CT: Yale University Press, 2013.
（《破解ＡＰＰ世代》，陳郁文譯，台北：時報文化，二〇一五年。）

Gardner, Howard, with Emma Laskin. *Leading Minds: An Anatomy of Leadership*. New York: Basic Books, 1995.
（《領導大師風雲錄》，譚天譯，台北：遠流，一九九七年。）

Goldman, Eric F. *Rendezvous with Destiny: A History of Modern American Reform*. New York: Vintage Books, 1953.

Goleman, Daniel. *Emotional Intelligence: Why It Can Matter More Than IQ*. New York: Bantam Books, 1995.
（《ＥＱ》，張美惠譯，台北：時報，一九九六年。）

Goodman, Nelson. *Languages of Art: An Approach to a Theory of Symbols*. Indianapolis: Hackett, 1968.

Grossack, Martin M., and Howard Gardner. *Man and Men: Social Psychology as Social Science*. Scranton, PA: International Textbook, 1970.

Hochschild, Arlie Russell. *Strangers in Their Own Land: Anger and Mourning on the American Right*. New York: The New Press, 2016.
（《家鄉裡的異鄉人：美國右派的憤怒與哀愁》，許雅淑、李宗義譯，台北：群學，二〇二〇年。）

Hofstadter, Richard. *The American Political Tradition and the Men Who Made It*. New York: Knopf, 1948.
（《美國政治傳統》，楊玖生譯，台北：九思，一九七七年。）

Jameson, J. Franklin. *The American Revolution Considered as a Social Movement*. Princeton, NJ: Princeton University Press, 1926.

Kahneman, Daniel. *Thinking Fast and Slow*. New York: Farrar, Straus and Giroux, 2011. L vi-Strauss, Claude. *Structural Anthropology*. New York: Basic Books, 1963.
（《快思慢想》，洪蘭譯，台北：天下遠見，二〇一二年。）

National Commission on Excellence in Education. *A Nation at Risk: The Imperative for Educational Reform*. April 1983.

Piaget, Jean. "Piaget's Theory." In *Handbook of Child Psychology*, ed. P. Mussen. Hoboken, NJ: John Wiley & Sons, 1970.

Putnam, Robert D. *Bowling Alone: The Collapse and Revival of American Community*. New York: Simon & Schuster, 2000.

Riesman, David, with Nathan Glazer and Reuel Denny. *The Lonely Crowd: A Study of the Changing American Character*. New Haven, CT: Yale University Press, 1950.
（《寂寞的群眾：變化中的美國民族性格》，蔡源煌譯，台北：桂冠，一九八四年。）

Salovey, Peter, and John D. Mayer. "Emotional Intelligence." *Imagination, Cognition, and Personality* 9 (1990): 185–211.

Schaler, Jeffrey A. *Howard Gardner Under Fire*. Chicago: Open Court, 2006.

Sternberg, Robert J. *Beyond IQ: A Triarchic Theory of Human Intelligence*. New York: Cambridge University Press, 1985.

Thorn, Frederick Charles. *Principles of Psychological Examining: A Systematic Textbook of Applied Integrative Psychology*. Brandon, VT: Journal of Clinical Psychology, 1955.

Vance, J. D. *Hillbilly Elegy*. New York: Harper, 2016.
（《絕望者之歌：一個美國白人家族的悲劇與重生》，葉佳怡譯，台北：八旗文化，二〇一七年。）

Wilson, Edmund. *Axel's Castle: A Study in the Imaginative Literature of 1870–1930*. Wailegam, IL: Fontana, 1931.

Wilson, Edmund. *To the Finland Station: A Study in the Writing and Acting of History*. New York: Harcourt, 1940.
（《到芬蘭車站：馬克思主義的起源及發展》，劉森堯譯，台北：麥田，二〇〇〇年。）

Winner, Ellen. *How Art Works*. New York: Oxford University Press, 2018.

Winner, Ellen. *Invented Worlds*. Cambridge, MA: Harvard University Press, 1982.

Winner, Ellen, and Howard Gardner. "The Comprehension of Metaphor in Brain-Damaged Patients." *Brain* 100 (1977): 719–727.

下方連結為本書作者加德納教授的部落格文章列表，惠請讀者下載參考，可進一步做延伸閱讀。

Q

R

S

P

N

O

L

M

J

K

H

I

G

E

F

C

D

索引

A

B

學習與教育 234

統合心智

解構多元智能大師，重現心智對話

A Synthesizing Mind: A Memoir from the Creator of Multiple Intelligences Theory

作　　者／霍華德・加德納（Howard Gardner）
譯　　者／謝儀霏
責任編輯／黃麗瑾、陳瑩慈
編輯協力／李佩芬
校　　對／蕭明珠
封面設計／黃育蘋
行銷企劃／蔡晨欣

天下雜誌群創辦人／殷允芃
董事長兼執行長／何琦瑜
媒體產品事業群
總經理／游玉雪
總監／李佩芬
版權主任／何晨瑋、黃微真

出版者／親子天下股份有限公司
地址／台北市104建國北路一段96號4樓
電話／（02）2509-2800　傳真／（02）2509-2462
網址／ www.parenting.com.tw
讀者服務專線／（02）2662-0332　週一～週五：09:00~17:30
讀者服務傳真／（02）2662-6048
客服信箱／ bill@cw.com.tw
法律顧問／台英國際商務法律事務所・羅明通律師
內頁排版／立全電腦印前排版有限公司
製版印刷／中原造像股份有限公司
總經銷／大和圖書有限公司　電話：（02）8990-2588

出版日期／ 2022年7月第一版
定　價／ 500元
書　號／ BKEE0234P
ISBN ／ 978-626-305-245-1（平裝）

統合心智：解構多元智能大師，重現心智對話/霍華德.加德納(Howard Gardner)作. -- 第一版. -- 臺北市：親子天下股份有限公司, 2022.07
368面；14.8×21公分.(學習與教育；234)
譯　自：A synthesizing mind : a memoir from the creator of multiple intelligences theory
ISBN 978-626-305-245-1(平裝)

1.CST: 加德納(Gardner, Howard, 1943-) 2.CST: 學習心理學 3.CST: 智力理論 4.CST: 傳記

521　　111007957